48일 완성

주린이

탈출기

주린이에서 슈퍼개미로 성장하는 가장 쉬운 주식 가이드

48일 완성 주린이 탈출기

초판 1쇄 발행 2021년 7월 7일
초판 2쇄 발행 2021년 8월 25일

지은이 이권복

발행인 백유미 조영석

발행처 (주)라온아시아
주소 서울특별시 서초구 효령로 34길 4, 프린스효령빌딩 5F

등록 2016년 7월 5일 제 2016-000141호
전화 070-7600-8230   **팩스** 070-4754-2473

값 17,000원
ISBN 979-11-91283-62-4 (13320)

라온북은 독자 여러분의 소중한 원고를 기다리고 있습니다. (raonbook@raonasia.co.kr)

주린이에서 슈퍼개미로 성장하는
가장 쉬운 주식 가이드

48일 완성
주린이
탈출기

이권복 지음

RAON
BOOK

코스피가 연일 사상 최고치를 기록하고 있습니다. 유튜브에서는 수많은 주식 전문가들이 나와서 주식시장이 좋을 것이라고 이야기하고 있고요. 그리고 주식투자를 통해 많은 돈을 벌었다는 사람들이 하나둘 등장하고 있습니다. 부동산투자는 이미 너무 많이 올라서 엄두가 안 나고, 조금 있는 돈으로 주식투자라도 시작하지 않으면 나만 뒤처질 것 같은 기분이 드는 요즘입니다. 실제로 제 주변에서도 주식이라면 거들떠보지도 않던 친구가 주식투자를 시작했더군요. 예금 말고는 아무것도 안 하던 친구라서 그 친구가 주식투자를 한다고 했을 때 정말 놀랐습니다.

주식투자는 시작, 주식 공부는 언제?

사실 많은 사람들이 주식투자를 시작한다고 해도 주식 공부를 하지는 않습니다. 주식 공부를 먼저 하고 주식투자를 시작해야 하는데 말이죠. 보통 주식투자를 좀 한다고 하는 가까운 사람들에게 종목을 물어보고 주가가 좀 내려갔다 싶으면 매수를 하지요. 그게 아니라면, 뉴스에서 좋다고 하는 기업들을 살펴보다가 투자를 합니다. 그리고 나서 주가가 오르면 얼른 팔고 또 다른 종목을 찾아 헤맵니다. 초심자의 행운이 따르면 약간의 수익을 벌기도 하지만, 주가가 떨어져 물리는 경우가 더 많습니다.

저는 20세에 처음 주식투자를 시작했습니다. 처음으로 샀던 종목이 메가스터디였습니다. 수능을 공부할 때 메가스터디 강의를 들었기 때문에 조금 안다고 생각했습니다. 정말 강의를 잘하는 스타 강사들이 포진되어 있고, 인터넷을 통해 전국의 학생들에게 강의를 파는 비즈니스 모델은 따라올 경쟁자가 없다고 생각했습니다. 실제로 당시 제 주변 친구들 중에 메가스터디 강의를 듣지 않는 사람이 없었습니다. 저 역시 초심자의 행운이 따랐는지 메가스터디 주가는 그 뒤로 꽤 많이 상승했고 높은 수익률을 거뒀습니다. 그때는 회계가 무엇인지도 몰랐고, 재무제표 같은 것도 볼 줄 몰랐습니다. 그저 느낌과 경험으로 투자를 한 것이지요.

대학에 들어가 경영학과 경제학을 전공하면서 회계를 배우고, 경제 전문지를 읽고, 주식투자에 대한 책들을 탐독하면서 서서히 주식 공부를 해나가기 시작했습니다. 그때 느낀 것이 2가지 있습니다. 하나는 주식 공부는 정말 끝이 없다는 것, 다른 하나는 이 시장에는 정말 신뢰할 수 없는 정보들이 많다는 것이었습니다. 실제로 주식 책을 쓰고 큰돈을 벌었다는 사람들이 알고 보니 사기꾼이었던 적도 있었고, 수없이 많은 사람들 앞에서 주식 강의를 하던 전문가가 구속되는 일도 있었습니다. 아무래도 돈을 다루는 일이다 보니 나쁜 짓도 서슴치 않는 것 같습니다. 돈을 벌고 싶어 하는 사람들의 마음을 조금만 현혹하면 자신이 큰돈을 벌 수 있으니까요. 실제로 피해를 보는 일이 많으니 조심해야 합니다.

주식투자를 14년 동안 해오면서 느낀 것은 결국 내가 공부해서 내가 판단하는 것이 가장 좋다는 것입니다. 여러분들 앞에 정말 유명한 주식 전문가가 나타나 "이 종목에 투자하면 무조건 돈 법니다. 저를 믿으세요"라고 해도 절대 믿어서는 안 됩니다. 그들은 절대로 여러분들의 손실을 책임지지 않습니다. 하지만 많은 사람들이 '그래도 나보다는 낫겠지'라고 생각하며 적지 않은 비용을 지불해가며 그들을 신뢰합니다. 그들은 그 돈을 받아 자신들의 주머니만 채우고 있지요.

주식투자를 제대로 공부하는 방법 2가지

전문가를 믿지 않으면 어떻게 해야 하느냐고 묻는 분들이 있습니다. 결국 나 스스로 주식 공부를 해야 합니다. 투자에 대한 책임은 온전히 나만이 질 수 있기 때문에 내가 고민하고 생각해서 투자를 해야 후회가 없습니다. 그러면 어떻게 주식 공부를 해야 할까요? 제가 공부했던 방법은 2가지였습니다.

첫째, 세계적인 주식투자 대가들의 철학을 익히자.
둘째, 재무제표 보는 법을 익히자.

자신의 주식계좌 내역은 자신밖에 알 수 없습니다. 그래서 정말 이 사람이 주식투자로 큰돈을 벌었는지, 재산은 얼마나 있는지 확인할 수 없죠. 그래서 돈이 없는 사람이 부자처럼 보이려고 슈퍼카를 타고 다니거나 호화로운 자신의 일상을 보여줌으로써 '나 주식투자로 이렇게 돈 많이 벌었어'라고 과시하기도 합니다. 물론 그 슈퍼카가 정말 본인 것인지, 그 호화로운 일상이 정말 실제의 삶인지는 알 수 없습니다. 그저 많은 사람들이 그 사진을 보고 '그 사람은 부자인 것 같네'라고 생각하게 만들 뿐입니다. 그러면 사람들은 그 사람을 주식투자 고수로 보기 시작하고 돈을 가지고 달려든다는 것을 알고 있으니까요.

이 같은 현실을 잘 알고 있었기에 저는 정말 전 세계적으로 누구나 인정하는 투자 대가들의 철학을 익히고자 노력했습니다. 이 세상에는 그 누구도 부정할 수 없는 주식투자 대가들이 있습니다. 워런 버핏, 피터 린치, 필립 피셔 등 모두 위대한 주식투자가로 칭송받는 대가들입니다. 이처럼 정말 명확하게 증명된 위대한 투자자들이 어떻게 투자했고 어떤 말을 했는지를 살펴보면서 나의 투자철학을 구축하고자 노력했습니다.

또한 기업의 언어라고 하는 회계학을 공부함으로써 기업의 장부를 읽는 능력을 키워나갔습니다. 재무제표를 보면 그 기업의 상황을 알 수 있기 때문에 투자를 결정하는 데 큰 도움이 됩니다. 물론 같은 재무제표라도 아는 만큼 더 많이 보이기에 그 공부는 정말 끝이 없습니다.

그런 노력이 빛을 발했는지, 대학 등록금 이상으로 수익을 벌기도 했고, 20대 중반에 1억 원이라는 돈을 모으기도 했습니다. 지금은 1억 원이 별로 크지 않을 수 있지만, 종잣돈을 모으기 위해 6개월 정도 아르바이트를 한 것을 제외하곤 다른 일을 하지 않고 모은 것이라 저에게는 큰 의미가 있었습니다.

주식 공부, 끝은 없지만 시작은 있다

이 책은 주식을 처음 시작하는 사람들을 위해 쓴 책입니다. 주식투자의 기본 개념부터 재무제표 보는 법, 주식투자 이론들, 산업 분석, 주식 대가들의 철학까지 10년 넘게 공부해온 것들을 최대한 알기 쉽게, 꼭 필요한 것들만 적었습니다. 이 책을 통해 주식 공부를 시작한다면, 자신만의 투자철학을 만들어나가는 데 큰 도움이 되리라 확신합니다.

세계적인 투자가 워런 버핏은 복리의 힘을 이야기합니다. 시간이 가면 갈수록 돈이 눈덩이처럼 불어난다고 이야기하지요. 저 역시도 처음 주식계좌에 넣은 돈은 50만 원이었습니다. 그 돈이 불어나고 불어나서 지금은 억대의 돈을 주식에 투자하고 있습니다. 물론 언제 어떻게 손실을 볼지는 모르지만, 매일 꾸준히 공부하며 손실은 최소화하고 이익은 극대화하려고 노력하고 있지요.

저도 10년이 넘는 시간 동안 정말 많은 책을 읽고 경험을 쌓았지만 지금도 주식 공부를 계속해나가고 있습니다. 하면서도 정말 끝이 없다는 것을 느낍니다. 공부를 해도 여전히 어려운 것은 마찬가지니까요. 하지만 주식 공부의 끝은 없을지라도 분명히 시작은 있습니다. 주식 공부의 시작을 축하드리며, 이 책이 그 첫 동반자가 되면 좋겠습니다. 여러분의 성공적인 주식투자를 응원합니다.

이권복

차 례

1장

저는 주식 거래가 처음인데요

2장

저는 이제 주린이가 되었는데요

3장

어떤 종목이 좋은 거예요?

4장

앞으로의 주가를 예측할 수 있나요?

5장

네이버 증권으로 좋은 종목 찾아보기

6장

주린이가 알아둬야 할 주식 이론

7장

우리나라 주요 산업에 대해 알고 싶어요

8장

주식 대가들은 어떻게 투자하나요?

1장

저는 주식 거래가 처음인데요

주식은
위험하다는데 맞나요?

오늘의 주식 공부 POINT
- 초저금리 시대, 원금 보장 상품의 위험성을 이해하자.
- 주식투자에 대한 막연한 공포에서 벗어나자.
- 언제 주식투자가 위험한지를 알고 피하자.

혼히 주식투자 하면 두려움부터 갖기 마련입니다. 주식투자에 대한 오해와 편견 때문입니다. 여기서는 주식투자가 위험한 것이라는 생각을 바꾸고, 그 위험을 줄일 수 있는 방법에 대해 이야기해보고자 합니다.

원금이 보장되면 안전한 것이고,
원금이 손실될 가능성이 있으면 위험한 것일까?

주식투자를 시작하고자 할 때 가장 주저하게 만드는 것이 바로 내가 피땀 흘려 번 돈을 잃을 수 있다는 사실입니다. 예금 통장에 넣어두면 원금을 보장받을 수 있는데, 주식 투자를 하면 몇 년간 모은 돈을 한순간에 잃어버릴 수도 있다고 생각하니 선뜻 시작하지 못하는 것이지요.

사실 과거에는 내가 번 돈을 원금 보장 상품에 꼬박꼬박 넣는 방법도 나쁘지 않았습니다. 그래도 금리가 꽤 높았기에 꾸준히 저축해서 돈을 모을 수 있었으니까요. 은행에 예금만 들어도 높은 이자를 받을 수 있었으니, 조금 더 높은 수익을 얻자고 원금 손실 가능성이 있는 주식투자를 하는 것은 그렇게 매력적인 선택지가 아니었습니다.

　하지만 이제는 시대가 바뀌었습니다. 예금금리는 1% 안팎에 불과하고 이마저도 세금을 떼고 나면 더 적습니다. 원금을 보장해준다는 이유로 예금통장에 돈을 넣는 것은 바보 같은 선택이 되어버렸습니다. 예금통장에 돈을 넣으면 내 돈은 줄어들지 않아도 실질적인 돈의 가치가 떨어지기 때문입니다.

　실질 구매력이 떨어진다는 것은 이런 의미입니다. 예를 들어 내가 지금 1,200원을 가지고 있다고 해보겠습니다. 1,200원이면 새우깡을 1봉지 사 먹을 수 있는 돈입니다. 새우깡을 사 먹을까 한참을 고민하다 꾹 참고 미래를 위해 저축을 하기로 했습니다. 그리고 5년이 지났습니다. 매년 금리 1%의 이자를 받아서 1,200원은 1,261원이 되었습니다. 그런데 5년 뒤에 새우깡 가격이 1,261원일까요? 5년 뒤 새우깡 가격을 확인해보니 1,500원이 되어버렸습니다. 5년 전에는 내가 가진 돈으로 새우깡 1봉지를 사 먹을 수 있었는데 5년이 지난 지금은 내가 가진 돈으로 새우깡을 살 수 없게 되어버린 것입니다. 이와 같은 것을 두고 화폐의 실질 구매력이 떨어졌다고 말합니다.

이런 상황에서 내 통장의 잔고가 줄지 않았다고 해서 정말 손해를 보지 않은 걸까요? 내 돈의 잃어버린 구매력만큼 손실을 본셈입니다. 비록 통장의 잔고는 그대로일지라도요. 따라서 더 이상 원금이 보장되는 것은 안전하고, 원금을 잃을 가능성이 있는것은 위험하다는 생각은 잘못된 것입니다. 우리가 정말 두려워해야 할 것은 내 통장의 잔고가 줄어드는 것이 아니라 내가 가진돈의 구매력이 떨어지는 것입니다.

위험한 건 주식일까, 주식투자를 하는 방법일까?

인류 문명의 탄생에서 빼놓을 수 없는 것이 바로 '불'입니다. 인류는 불을 사용하면서부터 짐승, 추위, 질병 등 다양한 위험으로부터 자신을 지킬 수 있었습니다. 하지만 이 불은 인류가 쌓아온 모든 것들을 집어삼킬 수 있는 힘을 가지고 있기도 합니다. 여러분들은 이러한 불을 어떻게 생각하고 있나요? 불은 위험하니절대 사용해서는 안 되는 것이라고 생각하시나요? 아니면 불을안전하게 잘 사용하고 계신가요? 우리는 불을 이용해 맛있는 요리를 만들고, 추운 겨울날 따뜻한 방에서 잠을 잡니다. 이처럼 인류는 불을 안전하게 이용하는 방법을 익혀 문명을 꽃피웠습니다.

주식도 마찬가지입니다. 주식은 자본주의 사회에서 기업의성장에 필요한 자본을 융통하는 역할을 합니다. 우리의 삶을 획기적으로 바꿔놓은 마이크로소프트, 애플과 같은 기업들도 모두 주식시장이 있었기에 존재하는 것입니다. 물론 망해서 사라진 기업들도 많이 있습니다. 기업이 망하면 내가 투자한 돈은 모두 사라지고 말지요. 이제 우리는 여기서 선택을 할 수 있습니다. 주식투자를 제대로 공부해서 내 돈을 불려나갈 것인지, 아니면 잘못된 방법으로 내 소중한 돈을 잃을 것인지. 위험한 것은 주식투자 자체가 아닙니다. 내가 주식에 대해 얼마나 잘 아느냐에 따라 그 위험성도 달라집니다.

인류가 불을 두려워해 사용하지 않았다면 지금과 같은 찬란한 문명은 없을 것입니다. 주식투자도 마찬가지입니다. 위험하다며 피할 것이 아니라 어떻게 해야 주식투자를 안전하게 할 수 있을까 고민해야 합니다.

투자가 위험해지는 순간은 언제일까?

우리가 삶을 살아가면서 위험에 빠지게 되는 때는 언제일까요? 바로 더 이상 위험을 통제하지 못할 때입니다. "예측된 위험은 위험하지 않다"는 말이 있습니다. 우리가 통제 가능한 위험은 얼마든지 대비할 수 있기 때문에 더 이상 위험에 빠지지 않는 것입니다. 투자도 마찬가지입니다. 일부 사람들은 주식투자를 통해 일확천금을 꿈꿉니다. 짧은 시간에 큰 수익을 얻기 위해 빚을 내서 투자하기도 하지요. 투자한 종목들이 생각대로 상승하면 아무런 문제가 없습니다. 하지만 문제는 예상과 다른 상황이 벌어졌을 때입니다.

내가 투자한 종목들이 하락하기 시작하면 더 이상 빚을 갚을 수 없게 됩니다. 그래서 위험에 처하는 것입니다. 주식투자를 하다 인생을 망치는 사람들은 대부분 자신이 감당할 수 있는 범위를 넘어서서 위험한 투자를 했기 때문입니다. 주식투자를 하기에 앞서 내가 감당할 수 있는 위험의 수준이 얼만큼인지 알고 있어야 합니다. 많은 전문가들은 감당할 수 있는 위험의 수준을 이렇게 표현합니다.

"없다고 생각해도 내 삶에 크게 문제없는 돈."

저는 이런 돈을 '유통기한이 없는 돈'이라고 표현합니다. 주식투자를 시작한다면 반드시 이런 돈만큼만 투자해야 합니다. 그러면 주식투자가 내 삶을 위험하게 하는 일은 결코 없을 것입니다.

오늘의 주식 공부 SUMMARY
주식투자에 대한 편견 깨기

1. 저금리 시대에 더 이상 원금 보장 상품은 안전한 것이 아니다.
2. 위험한 것은 주식투자를 하는 방법이지 주식투자가 아니다.
3. 투자가 위험해지는 순간은 내가 감당할 수 없는 돈을 투자했을 때다.

주식이 뭐예요?

오늘의 주식 공부 POINT
● 최초의 주식회사가 어떻게 탄생했는지 알아보자.
● 주식회사의 탄생을 통해 주식에 투자하는 관점을 배워보자.

　　삶을 살다 보면 선뜻 이해할 수 없는 현상을 목격할 때가 종종 있습니다. 예를 들어 남자 옷과 여자 옷의 단추 방향이 반대라는 걸 알고 계신가요? 이유가 뭘까요? 옷을 만드는 사람 입장에서도 단추 방향이 같으면 훨씬 편할 텐데 굳이 다른 것이 이해되지 않습니다. 이럴 때는 최초의 상황, 즉 역사를 거슬러 올라가면 답을 찾을 수 있습니다. 과거에는 하녀들이 남자들의 옷을 입혀주었기 때문입니다. 그래서 여자 옷은 자신이 채우기 쉬운 방향으로, 남자 옷은 옷을 입혀주는 사람이 채우기 쉬운 방향으로 만들어진 것입니다. 어떤가요? 조금은 이해되지 않나요?

　　주식투자도 마찬가지입니다. 우리가 살아가는 지금 이 시대에는 다양한 주식투자법들이 난무하고 있습니다. 각각의 방법마다 나름의 논리와 타당성이 있겠지만 주식을 처음 공부하는 사람은 어떻게 주식투자를 해야 할지 혼란스러울 수밖에 없습니다. 이럴 때는 주식이 왜 생기게 되었는지 최초의 상황을 살펴보면 주식투자의 본질을 아는 데 도움이 됩니다.

세계 최초의 주식회사, 동인도회사

지구상에 최초의 주식회사가 탄생한 것은 1602년이었습니다. 당시 무역이 활발했던 네덜란드의 동인도회사에서 오늘날 주식회사와 같은 모습을 처음 발견할 수 있죠. 그때는 유럽이 신항로를 개척하면서 동방과의 교역으로 막대한 부를 쌓던 시기였습니다. 동방 세계와의 교역은 서방 세계에 그야말로 일확천금을 얻을 수 있는 기회였기에 너도 나도 배를 타고 바다로 나가려고 했습니다. 하지만 문제가 있었습니다. 교역만 성공하면 돈을 벌 수 있는데, 필요한 배와 배를 타고 나갈 선원들, 그리고 항해 도중 만날지도 모르는 폭풍우, 해적의 습격 같은 위험이 컸기에 쉽사리 교역에 참여할 수 없었습니다. 물론 교역에 드는 막대한 돈을 부담할 만한 사람도 많지 않았죠.

사람들은 위험을 분산할 방법을 고민하기 시작했습니다. 그 결과 탄생한 것이 바로 '증권'입니다. 동방과의 교역을 통해 돈을 벌고 싶은 사람들은 자기가 내고 싶은 만큼의 돈을 냅니다. 그리고 교역에 성공했을 때 투자금에 걸맞은 이익을 받을 수 있는 권리증을 발급해준 것입니다.

예를 들어 다음 달에 동방으로 교역을 떠날 배가 한 척 있다고 해봅시다. 이 배가 교역을 떠나기 위해서는 선원들도 모집해야 하고 식량을 비롯해 필요한 물자도 구입해야 합니다. 이 모든 준비에 필요한 돈이 100억 원이라고 해보겠습니다. 이 100억 원을 누구 한 사람이 전부 투자할 수 있다면 좋겠지만 그럴 만한 사람이 많지도 않을뿐더러 찾기도 힘듭니다. 그래서 이 배의 교역에 투자하고 싶은 다수의 사람들을 모집하는 것입니다. 이 배가 교역을 나가는 데 1,000만 원을 투자할 사람, 1억 원을 투자할 사람, 10억 원을 투자할 사람들을 다수 모으는 것입니다.

이렇게 투자하고 싶은 만큼 돈을 주면 그 금액에 걸맞은 권리증을 준 것이 바로 증권입니다. 교역을 떠난 배가 돌아오면 증권에 적힌 권리만큼 이익을 배분받았습니다.

그렇다면 배가 폭풍우에 침몰하거나 해적들에게 빼앗기면 어떻게 될까요? 이때는 자신이 가지고 있던 증권이 아무 소용 없는 휴지 조각이 됩니다. 투자가 실패로 끝난 것이지요. 이는 동시에 배가 침몰하는 최악의 상황에서 내가 낸 돈만큼만 책임을 지면 된다는 의미이기도 합니다.

사업을 하다 망하면 빚쟁이한테 쫓기는 것이 아니라 내가 투자한 돈만 잃으면 더 이상 책임지지 않아도 되는 것이지요. 그 당시에는 굉장히 획기적인 제도였습니다. 최초의 주식회사는 이런 모습이었습니다.

세계 최초의 주식회사에서 배우는 주식투자

최초의 주식회사 동인도회사를 보면 어떤 마음으로 주식투자를 해야 하는지 알 수 있습니다.

주식투자는 동업을 하는 것입니다

동인도회사는 배 한 척에 모든 것을 건 운명공동체였습니다. 이 교역이 성공하면 모두 큰돈을 벌 수 있지만 실패하면 다 같이 큰 손실을 보게 됩니다. 주식투자는 기본적으로 내가 그 기업과 동업을 하는 것입니다. 따라서 어떤 기업의 주식을 살 때는 내가 이 기업과 동업을 한다는 생각을 가져야 합니다. 이 기업이 잘되어야 내가 돈을 벌기 때문입니다.

주식투자는 이익이라는 과실을 나누는 것입니다

동인도회사는 교역을 통해 벌어들인 이익을 투자자들에게 돌려주었습니다. 주식투자를 하다 보면 주가가 초 단위로 쉴 틈 없이 변합니다. 그렇게 변화하는 주가를 들여다보고 있으면, 주가가 잠깐 내려갔을 때 사서 조금 올랐을 때 팔아 돈을 벌 수 있겠다는 생각이 듭니다. 하지만 최초의 주식투자는 그렇게 사고팔기로 돈을 버는 게 아니었습니다. 그 기업이 거둔 수익을 분배하여 돈을 버는 것이었습니다. 주식투자는 돈을 잘 버는 기업에 투자해서 이익을 나누는 것임을 잊어서는 안 됩니다.

투자에 대한 책임은 내가 질 수밖에 없습니다

교역을 하던 배가 폭풍우를 만나 침몰했다고 폭풍우에게 내 돈을 달라고 할 수 없습니다. 그 배에 투자하면 대박 난다고 했던 사람에게 찾아가 책임지라고도 할 수 없습니다. 그렇게 큰 폭풍우가 불어닥칠 줄 누가 알았겠습니까. 침몰한 배로 인한 손실은 오롯이 내가 책임질 수밖에 없습니다.

주식투자 역시 마찬가지입니다. 투자에 대한 책임은 오직 내가 지는 것입니다. 전문가라는 사람의 말을 믿고 투자를 했든, 친한 친구의 말을 듣고 투자를 했든, 누군가 알려준 미공개 정보를 가지고 투자를 했든 간에 그 누구도 손실을 보장해주지 않습니다. 특히 사람들은 전문가의 말을 쉽게 믿는 경향이 있는데 그 사람의 말을 믿고 손실을 보더라도 그 말을 믿은 자신의 잘못이니 절대 탓하지 않길 바랍니다.

오늘의 주식 공부 SUMMARY
최초의 주식회사를 통해 배우는 3가지 교훈

1. 주식투자는 동업을 하는 것이다.
2. 주식투자는 이익이라는 과실을 나누는 것이다.
3. 투자에 대한 책임은 내가 질 수밖에 없다.

주식계좌는
어떻게 만드나요?

오늘의 주식 공부 POINT
● 주식계좌는 어떻게 만드는지 배워보자.
● 나에게 가장 좋은 증권사는 어디일까 고민해보자.

예금을 하기 위해서는 은행에 가서 예금계좌를 만들어야 하
듯이, 주식을 하기 위해서는 주식계좌를 만들어야 합니다. 보통
은행에 가서 계좌를 만들어본 경험은 한두 번씩 있어서 크게 어
려워하지 않습니다. 하지만 주식계좌를 만드는 일은 어려워하는
경우가 많습니다. 한 번도 해보지 않아서 그런 것일 뿐이니, 차
근차근 하나씩 해보면 누구나 손쉽게 만들 수 있습니다.

STEP 1. 계좌를 개설할 증권사 선택하기

주식계좌를 만들기 위해서는 가장 먼저 어느 증권사에서 계
좌를 만들지 선택해야 합니다. 어느 은행에 예금계좌를 만들지
선택하는 것과 같습니다. 증권사를 선택하는 기준은 사람마다
다릅니다. 집에서 가까운 증권사에 가서 만드는 사람도 있고, 거

래수수료가 저렴한 증권사의 계좌를 만드는 경우도 있고, 프로그램 사용이 편한 증권사를 선택하는 경우도 있습니다. 어느 증권사여야 한다는 정답은 없습니다. 하지만 처음 계좌를 만드는 사람이라면 다음 3가지 기준을 가지고 결정하면 좋습니다.

주식 거래수수료가 얼마인가?

증권사에서는 주식을 사고팔 때마다 일정 금액의 수수료를 뗍니다. 수수료율을 보면 0.015%(증권사마다 다름)와 같이 매우 적습니다. 투자금액이 적을 때는 수수료가 대수롭지 않게 느껴질 수 있지만 투자금액이 점점 커져 억 단위 거래를 하면 결코 적은 금액이 아닙니다. 예를 들어 1억 원어치 주식을 사면 1만 5,000원이 수수료로 나갑니다. 그런데 이런 규모의 거래를 1년 동안 100번 하면 150만 원을 수수료로 내야 합니다.

따라서 증권사의 거래수수료가 얼마인지 꼭 확인해보는 것이 좋습니다. 특히 요즘은 증권사들이 고객을 유치하려고 거래수수료 무료 이벤트도 많이 합니다. 거래수수료가 무료인 증권사들을 우선적으로 고려하면 돈을 아낄 수 있습니다.

주거래 은행과 연계할 수 있는 증권사인가?

주거래 은행에서 운영하는 증권사 계좌를 개설하는 것도 좋은 선택입니다. 해당 금융사의 다양한 혜택을 받을 수 있기 때문입니다. 일례로 KB국민은행은 자사의 모든 금융 서비스를 통합하여 고객우대서비스제도를 운영하기 때문에 KB금융의 계열사를 많이 이용할수록 혜택이 많아집니다. 해당 금융사의 VIP 고객이 되면 각종 수수료 우대는 물론 세무 상담, 법률 상담, 공모주 청약 우대 등 쏠쏠하게 이용할 만한 혜택들이 많으니 어느 증권사를 이용할지 선택할 때 함께 검토해보면 좋습니다.

증권사의 서비스가 편리하고 안정적인가?

주식계좌를 어디에 만들지 고민하는 가장 큰 이유는 서비스의 편리성과 안정성 때문입니다. 주식을 사고파는 프로그램이 불편하지는 않은지, 다양한 투자 정보를 얻을 수 있는지, 주식을 사고팔 때 서버가 불안정하지는 않은지 등을 꼭 살펴보아야 합니다.

실제로 많은 사람들이 기존에 사용하던 프로그램이 편하다는 이유로 같은 증권사에서 계속 거래를 하는 경우가 많습니다. 아무리 타사에서 수수료를 무료로 해준다고 해도 이미 눈과 손에 익어버린 프로그램을 버리고 새로운 프로그램을 쓰는 것은 굉장히 불편한 일이기 때문입니다. 따라서 처음에 잘 정해야 합니다. 어느 증권사의 프로그램이 편리한지 하나하나 꼼꼼하게 살펴보세요.

또한 증권사가 얼마나 안정적으로 서비스를 제공하는지도 매우 중요합니다. 최근 많은 사람들이 공모주 청약에 큰 관심을 가지면서 증권사의 서버가 마비되는 일이 있었습니다. 그 시간 동안 해당 증권사의 고객들은 주식을 사고팔 수 없어서 손해를 봐야 했죠. 증권사의 서비스가 안정적인지 살피는 것도 잊어서는

종합 순위	증권사	고객 흡인력 (15점)	비즈니스 (40점)	콘텐츠 (15점)	디자인 (15점)	기술성 (15점)	합계 (100점)	등급
1	우리투자증권	13.5	35.6	13.7	13	11.2	87	양호(B)
2	현대증권	13.9	32.9	12.7	12.9	10.8	83.2	양호(B)
3	HMC투자증권	13.8	32.9	12.2	12.9	10.7	82.7	양호(B)
4	미래에셋증권	12.1	34.7	12.3	12.9	10.7	82.7	양호(B)
5	삼성증권	13.7	30.7	12	13.8	10.5	80.7	양호(B)
6	대신증권	13.2	32	11.8	13.1	10.2	80.3	양호(B)
7	KB투자증권	13.2	31.6	11.5	13.2	10	79.5	보통(C)
8	신한금융투자	13.2	32	11	12.8	10.1	79.1	보통(C)
9	한화투자증권	13.5	32.4	12.5	10.5	9.9	78.8	보통(C)
10	하나대투증권	11.7	31.6	13.2	12	10.1	78.6	보통(C)
11	SK증권	10.9	29.8	12.7	12.7	10.3	76.4	보통(C)
12	동양증권	11.9	30.7	11.3	12.4	9.3	75.6	보통(C)
13	메리츠종금증권	11.7	31.1	10.3	13.4	8.4	74.9	보통(C)
14	한국투자증권	10.6	31.6	12.3	10.8	9.4	74.7	보통(C)
15	KDB대우증권	10.4	28.4	12.8	12.3	9.8	73.7	보통(C)
16	IBK투자증권	11	29.3	11.7	12	9.1	73.1	보통(C)
17	키움증권	11.5	29.8	10.2	11	9.3	71.8	보통(C)
18	유진투자증권	10.4	29.3	11	12.6	8.4	71.7	보통 (C)
19	KTB투자증권	11.5	27.1	9.7	12.7	10.1	71.1	보통(C)
20	동부증권	10.1	27.1	11.3	11.7	9.5	69.7	미흡(D)
21	하이투자증권	10.6	28.4	11.2	11.7	7.2	69.1	미흡 (D)
22	교보증권	11.3	28	11.7	9.4	7.2	67.6	미흡 (D)
23	NH농협증권	9.4	27.6	9.8	11.3	7.4	65.5	미흡 (D)
평균		11.9	30.6	11.7	12.3	9.5	76	보통 (C)

조기원, 〈증권사 스마트폰 앱 평가해보니…1위 우리투자·2위 현대·3위 HMC투자〉, 한겨레, 2013. 11. 7.

안 됩니다.

　왼쪽 표는 다양한 기준을 가지고 증권사들의 거래 프로그램을 평가한 것입니다. 어느 증권사의 계좌를 사용할지 결정하지 못했다면 이 표를 보고 참고하는 것도 좋겠습니다.

STEP 2. 대면 계좌 개설과 비대면 계좌 개설

　자신만의 기준을 가지고 주식계좌를 개설할 증권사를 선택했다면 이제 계좌를 만드는 일만 남았습니다. 주식계좌를 만드는 방법은 대면과 비대면으로 구분할 수 있습니다.

대면으로 계좌를 만드는 방법

　대면으로 계좌를 만드는 방법에는 증권사 지점에 방문하는 것과 은행 지점에 방문하는 것이 있습니다. 은행에서 무슨 증권 계좌를 만들 수 있냐고 생각할 수 있지만 요즘은 증권사가 은행과 제휴를 맺어 웬만한 은행에서는 대부분의 증권사 계좌 개설이 가능합니다.

　내가 만들려고 하는 증권사 홈페이지에 들어가면 어느 은행에서 계좌 개설이 가능한지 나와 있으니 확인하고 방문하면 더 좋습니다. 물론 은행에서는 증권사 대신 계좌를 개설해주는 대가로 수수료를 가져가는데, 이 경우 여러분이 부담해야 하는 주식 거래수수료가 달라질 수 있으니 꼭 확인해야 합니다. 주식계

	주식계좌	선물옵션	펀드계좌	해외주식	FX마진	해외선물
우리 은행	O	O	O	-	-	-
KB국민은행	O	O	O	O	O	O
신한은행	O	O	-	-	O	O
우리은행	O	O	O	O	O	O
농협	O	-	O	-	-	-
IBK 기업은행	O	O	O	O	-	-
하나은행	O	O	O	O	O	O
citibank	O	O	-	-	-	-
DGB대구은행	O	O	-	-	-	-
광주은행	O	O	-	-	-	-
BNK 경남은행	O	O	-	-	-	-
BNK 부산은행	O	O	-	-	-	-
MG 새마을금고	O	O	O	-	-	-
Standard Chartered	O	O	O	-	-	-
신협	O	O	O	O	-	O

키움증권 홈페이지

좌를 개설하러 증권사나 은행 지점에 방문할 때는 신분증을 지참하고 직원의 안내에 따르면 됩니다.

비대면으로 계좌를 만드는 방법

요즘은 계좌 개설을 하러 꼭 은행이나 증권사를 방문할 필요 없습니다. 스마트폰에서 바로 계좌를 개설할 수 있습니다. 대기 시간도 없고 수수료 우대 혜택도 있으니 IT 기기 사용에 큰 어려움이 없다면 비대면으로 계좌를 개설하는 것이 좋습니다.

비대면으로 주식계좌를 개설하는 것은 증권사마다 대부분 비슷합니다. 일단 구글플레이에서 해당 증권사를 검색합니다. 그러면 '계좌개설겸용'이라는 문구가 붙은 증권사의 앱들을 볼 수 있습니다. 그 앱을 설치한 다음 '계좌 개설하기'를 누르면 휴대폰 인증, 약관승인, 본인인증 등의 절차를 거쳐 계좌 개설을 할 수

삼성증권 비대면 계좌 개설 앱   한국투자증권 비대면 계좌 개설 앱

있습니다. 10분 정도 소요되며 각 단계별로 친절하게 설명해주
니 차근차근 따라 하면 됩니다.

여기까지 자신의 주식계좌를 개설했다면 이제 주식투자를 시
작할 준비물은 모두 챙긴 것입니다. 이제 자신이 주식투자에 쓸
자금을 이체하기만 하면 됩니다.

오늘의 주식 공부 SUMMARY
주식계좌를 만들 증권사 선택하는 법

1. 주식 거래수수료를 확인하자(가급적 무료인 곳을 선택).
2. 자신의 주거래 은행과 같은 계열 증권사를 선택하자.
3. 증권사에서 제공하는 서비스의 편리성을 살펴보자.

처음 투자금은
얼마를 해야 할까요?

오늘의 주식 공부 POINT

- 주식투자를 처음 시작할 때 투자금은 얼마가 적당한지 알아보자.
- 나이 공식을 통해 위험자산 비중을 결정해보자.
- 투자금액은 어떤 기준으로 결정해야 하는지 알아보자.

　주식계좌를 만들었다면 이제 주식을 사는 일만 남았습니다. 그런데 주식을 사기 전에 내가 얼마만큼의 자금을 주식투자에 쓸 것인지를 결정해야 합니다. 너무 적은 금액은 수익률이 높아도 돈이 되지 않고, 지나치게 많은 금액은 내 삶을 위태롭게 만들 수 있습니다. 적당한 투자금액은 도대체 어느 정도일까요?

위험자산 비중 = 100 – 나이 공식

　원금 손실 가능성이 있는 주식투자를 위험자산으로, 원금이 보장되는 예금을 안전자산으로 분류할 때 두 자산의 비중은 어떻게 나누는 것이 좋을까요? 예금금리가 낮다고 하니 예금 비중을 확 줄이고 주식투자 비중을 높이는 게 좋을까요? 아니면 주식투자는 원금 손실 가능성이 있으니 그래도 안전한 예금에 대부분을 넣고 일부만 주식투자에 쓰는 게 좋을까요?

이와 관련해서 널리 쓰이는 공식이 있습니다. 바로 자신의 나이를 이용해 위험자산의 비중을 결정하는 방법입니다.

자신의 나이를 이용한 주식투자 비중 정하기
주식투자 비중(%) = 100 − 자신의 나이

30세인 A와 80세인 B의 예를 들어 설명해보겠습니다. A는 100에서 30(나이)을 빼면 70이 나오므로, 자산의 70%를 위험자산인 주식에 투자하고, B는 100에서 80(나이)을 빼면 20이 나오므로, 자산의 20%를 주식에 투자하는 것이 적절하다는 의미입니다. 젊었을 때는 지속적인 소득 창출이 가능하고 앞으로 살아갈 날이 많기 때문에 수익률이 높은 위험자산에 공격적인 투자를 하는 것입니다. 시간이 갈수록 소득이 늘어날 것이며, 설령 실패해도 다시 일어날 수 있는 기회가 많습니다. 반면 나이가 들수록 돈을 벌기가 점점 어려워지고 한번 실패하면 다시 일어나기 어렵기 때문에 위험자산을 늘리기보다는 안전자산의 비중을 높이는 것입니다.

이 공식이 보편적으로 통용될 수 있는 이유는 생애주기 소득과 밀접한 상관관계를 가지고 있기 때문입니다. 통계청에서 발표한 자료에 따르면 생애주기 소득은 26세까지 적자에 머무르다가 27세부터 흑자로 전환되며, 41세에 최고치를 찍고 59세부터 다시 적자로 돌아섭니다.

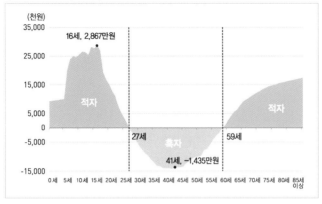

| 생애주기 적자(1인당) |

출처: 통계청

　　나이 공식에 따라 주식투자 비중을 조절할 경우 50세를 기점
으로 안전자산의 비중이 절반 이상으로 늘어나기 시작합니다.
이 나이 공식에 맞춰 투자를 할 경우, 생애주기 소득이 최고치인
41세와 다시 적자로 들어서는 59세의 중간 나이인 50세부터 안
전자산을 서서히 늘려나가 59세 이후의 삶을 대비해야 합니다.

자신의 소비 성향과 위험 성향을 인식하라

　　생애주기 소득과 잘 들어맞는 나이 공식은 내가 얼마만큼의
돈을 주식투자에 써야 하는지 전혀 감이 잡히지 않을 때 이용하
면 좋습니다. 하지만 사람마다 하는 일과 소득이 다르고, 위험을
감수할 수 있는 성향과 가치관이 다릅니다. 그래서 일률적으로
이 공식에 맞춰 투자 비중을 결정하는 데는 무리가 따릅니다. 자

신의 경제 상황과 위험 성향을 정확하게 파악하고 있다면 이 공식에서 벗어나 자신에게 맞는 비중을 찾는 것도 좋습니다. 자신만의 투자 비중을 정하기 위해서는 크게 2가지를 고려해야 합니다. 하나는 '소비 성향'이고 다른 하나는 '위험 성향'입니다.

소비 성향

소비 성향은 자신의 소득에서 얼마만큼의 소비를 하느냐입니다. 어떤 사람은 200만 원을 벌어서 150만 원을 저축하는가 하면, 어떤 사람은 500만 원을 벌어서 400만 원을 다 씁니다. 그래서 자신이 어떤 소비 성향을 가졌는지를 알아야 합니다. 소비 성향이 낮은 사람이라면 주식 비중을 조금 더 높여도 좋고, 소비 성향이 높은 사람이라면 주식 비중을 낮추는 것이 좋습니다. 소비 성향이 높다면 주식에 투자한 돈을 불가피하게 찾아야 하는 일이 발생할 가능성이 높기 때문입니다.

위험 성향

위험 성향은 원금 손실 가능성을 얼마나 견뎌낼 수 있는가를 묻는 것입니다. 위험을 감수할 수 있는 크기는 사람마다 다릅니다. 1만 원을 벌 수 있는 기회라도 1,000원 손해 보는 걸 싫어하는 사람이 있고, 100만 원을 벌 수 있다면 50만 원쯤은 잃어도 괜찮다는 사람이 있습니다. 이것은 개인의 성향이기 때문에 좋고 나쁘다고 할 수 없습니다. 다만 자신의 성향을 잘 아는 것이 중요합니다. 주식투자는 늘 예측 불가능성을 수반하기 때문에 내 뜻대로 절대 움직여주지 않습니다. 불가피한 손실을 견뎌내려면 자신의 위험 성향을 정확하게 인식하고 이에 맞춰 주식투자 비중을 결정해야 합니다.

보수적인 투자자는 마음이 편하다

주식시장에서 유명한 말이 있습니다. 바로 '존버는 승리한다'는 것입니다. 투자를 잘못해서 손실이 나더라도 버티고 버티다 보면 다시 주가가 올라 수익이 난다는 의미입니다. 그만큼 투자에 있어 시간은 돈만큼이나 중요한 요소입니다. 좋은 기업은 시간이 지남에 따라 좋은 실적을 내고 주가가 상승합니다. 기업의 실적이 좋아지고 기업 가치가 주가에 반영되기까지는 시간이 필요한데 많은 투자자들이 그 시간을 참지 못합니다.

결국 내가 얼마만큼의 금액을 주식투자에 쓸 것인가를 고민할 때는 이 돈이 가진 유통기한을 반드시 확인해봐야 합니다. 돈의 유통기한이라는 것은 그 돈을 어느 시점에서 써야 하는 지출처가 있느냐를 말합니다. 당장 일주일 뒤에 써야 할 돈이라면, 일주일 안에 수익이 나지 않으면 어려움에 처하게 됩니다. 반면 딱히 없어도 되는 돈이라면 한 달이면 한 달, 1년이면 1년 동안 수익이 나기를 기다리면 됩니다.

주식투자를 할 때 남의 돈으로 하지 말라는 이유가 바로 여기에 있습니다. 이 종목은 오를 것이라는 확신을 가지고 빚을 내서 투자했다고 해봅시다. 내 생각대로 주식이 올라주면 괜찮은데 빚을 갚아야 하는 날짜까지 주식이 움직이지 않는다면 돈을 벌 수 없게 됩니다. 그뿐만 아니라 주가가 떨어지기까지 한다면 점점 불안해지고 삶이 불행해지기 시작할 것입니다.

주식투자에 얼마만큼의 돈을 투자할 것인지 고민 중이라면 자신에게 이렇게 물어보아야 합니다. '최악의 상황에 이 돈이 모두 사라져도 내 삶에는 무엇이 남는가?' '이 돈이 없어도 지금처럼 살아갈 수 있다'고 대답할 수 있다면 투자해도 좋습니다. 그 액수가 얼마든 간에 말입니다. 하지만 '내 삶이 위태로워질 수 있다'고 대답한다면 투자를 보류해야 합니다. 투자를 하는 내내 불안하고 신경이 쓰여 일상생활이 잘 안 될 뿐만 아니라 큰 스트레스가 되기도 합니다. 보수적인 투자자는 마음이 편하다는 말이 있습니다. 자신의 마음이 편한 금액만큼만 투자하여 마음 졸이는 투자자가 아닌 행복한 투자자가 되길 바랍니다.

오늘의 주식 공부 SUMMARY
나에게 맞는 투자금액을 아는 법

1. 나의 투자 성향을 잘 알지 못한다면 '100 − 나이 = 주식투자 비중(%)' 공식을 이용하자.
2. 자신의 소비 성향과 위험 성향에 맞춰 투자금액을 결정하자.

주식은 어떻게
사는 거예요?

오늘의 주식 공부 POINT
● 주식시장의 운영 시간에 대해 알아보자.
● 주식시장의 거래 규칙들에 대해 알아보자.
● 주식 거래수수료에 대해 알아보자.

투자금의 범위를 결정하고 주식계좌로 이체까지 했다면 이제 주식을 사고파는 시장에 대해 알아둘 차례입니다. 시장은 언제 열리는지, 주식 가격은 어떻게 결정되는지, 주식 거래를 하기 위해 꼭 필요한 단어 등을 알아야 원활한 투자를 할 수 있습니다.

주식은 언제 사고팔 수 있을까?(주식시장 운영 시간)

백화점 문을 열어야 물건을 살 수 있듯이 주식을 사려면 일단 주식시장이 문을 열어야 합니다. 주식시장이 열리지 않는 날에 아무리 주문을 내봐야 사고팔 수 없습니다. 우선 주식시장이 열리는 시간을 알아두어야 합니다. 주식시장이 열리는 시간은 다음과 같습니다.

일반적으로 매매는 정규시장에서 할 수 있으므로 오전 9시부

매매 거래일	월요일 ~ 금요일
휴장일	토요일, 공휴일, 근로자의날, 12월 31일
매매 거래 시간	정규시장 오전 9시 ~ 오후 3시 30분 시간외시장 오전 7시 30분 ~ 오전 9시, 오후 3시 40분~오후 6시

터 오후 3시 30분까지 주식을 사고판다고 생각하면 됩니다.

다양한 주식 가격들(시가, 고가, 저가, 종가, 상한가, 하한가)

하나의 주식에는 다양한 가격이 존재합니다. 우리가 흔히 이야기하는 주가라는 말부터 시작해서 시가, 고가, 저가, 종가, 상한가, 하한가 등이 있는데 이것을 모르면 제대로 투자할 수 없습니다.

먼저 주가라는 말부터 짚고 넘어가면 말 그대로 주식의 가격을 의미합니다. 주가는 시시각각 변하는데 오전 9시에 장이 열릴 때의 주가를 시가, 하루 중 가장 높게 거래된 가격을 고가, 가장 낮게 거래된 가격을 저가, 그리고 장이 마감할 때의 가격을 종가라고 부릅니다.

미국은 가격 변동 폭에 제한이 없기 때문에 고가와 저가가 몇십에서 몇백 퍼센트 오르내리는 것도 가능합니다. 하지만 우리나라는 전일 종가 기준으로 오르는 것도 30%, 내리는 것도 30%로 제한을 두고 있습니다. 이때 30% 오른 가격을 상한가, 30% 떨어진 가격을 하한가라고 합니다. 예를 들어 전일 종가가 10만 원이면, 상한가는 13만 원, 하한가는 7만 원이 됩니다.

그런데 주가를 잘 살펴보면 어제의 종가와 오늘의 시가가 다른 경우가 종종 있습니다. 어제 장이 끝날 때 분명 10만 원이었는데 오늘 장이 시작할 때는 10만 원이 아닌 것입니다. 이는 시가와 종가를 결정하는 방식 때문입니다. 오전 8시 30분부터 9시까지 투자자들에게 받은 매수 매도 주문을 토대로 9시에 시가를 결정하고, 오후 3시 20분부터 오후 3시 30분까지 받은 매수 매도 주문을 가지고 종가를 결정합니다. 이 시간대에는 주문만 받았다가 한꺼번에 거래가 체결되는 단일가 매매가 이뤄지는데, 방식은 다음과 같습니다.

매도	호가	매수
	10,200원	A 100주
D 60주	10,100원	
	10,000원	
C 80주	9,900원	
	9,800원	B 40주

주문 순서는 A-B-C-D 순이며, 전일 종가는 9,700원입니다. 일단 A는 100주를 10,200원에 사기를 희망하고, C는 9,900원에 팔기를 희망하므로 이 둘은 거래가 됩니다. A는 C의 80주를 매수하고 D의 60주 중 일부인 20주까지 매수하게 됩니다. 그러면 D의 경우 40주가 남는데 D는 10,100원에 팔고자 하고 B는 9,800원에 사고자 하므로 이 둘은 거래가 되지 않습니다. 그러면 마지막 거

래가 A와 D의 거래가 되는데 A는 10,200원, D는 10,100원을 제시했기 때문에 매수 매도 가격이 다릅니다. 이처럼 매수 매도 가격이 다를 경우 직전 가격과 가까운 가격으로 단일가가 결정됩니다. 시가를 결정할 때는 전일 종가가 직전 가격이 되고, 종가를 결정할 때는 오후 3시 20분 마지막 체결 가격이 직전 가격이 됩니다. 따라서 이 경우 10,100원이 단일가가 됩니다.

주식 매매 체결의 2가지 원칙

하루 20조 원이 넘는 금액이 거래되는 곳이 바로 주식시장입니다. 동시다발적으로 들어오는 수많은 주문들을 공평하고 공정하게 처리하기 위해서는 거래 체결의 원칙이 있어야 합니다. 그렇지 않으면 시장이 혼란스러워져 제 역할을 하지 못할 수 있습니다. 주식 매매가 체결되는 데는 크게 2가지 원칙이 있습니다.

가격 우선의 원칙

살 때는 비싼 가격에 사겠다는 사람의 거래를 먼저 체결해주고, 팔 때는 싸게 팔겠다는 사람부터 우선적으로 팔게 해주는 것입니다. 파는 사람 입장에서는 비싼 가격에 사겠다는 사람한테 팔고 싶은 것이 당연하고, 사는 사람 입장에서는 싸게 팔겠다는 사람한테 사고 싶은 것이 당연한 심리입니다. 주식시장은 이 가격 우선의 원칙에 따라 거래가 체결됩니다.

시간 우선의 원칙

주식을 사겠다는 사람이 모두 똑같은 가격을 제시했는데 돈
이 많은 사람부터 우선적으로 체결해준다든가, 무작위로 추첨해
서 체결해준다면 시장은 불공정하고 혼란에 빠질 것입니다. 따
라서 모두 똑같은 가격을 제시했을 경우에는 주문이 접수된 순
서대로 체결됩니다.

가격이 똑같고 시간마저 똑같다면 어떻게 될까요? 이때는 위
탁자 우선, 수량 우선 원칙에 따라 처리합니다. 위탁자 우선은
증권사의 주문보다 고객의 주문을 먼저 체결한다는 원칙이고,
수량 우선은 이 모든 것이 똑같을 경우 많은 수량을 주문한 사람
의 거래를 먼저 체결한다는 원칙입니다.

예를 들어보겠습니다. 주문 순서는 A-B-C 순서입니다.

매도	호가	매수
	1200	A 200
	1100	B 200
C 300	1000	

먼저 가격 우선 원칙에 따라 매수 호가가 가장 높은 A의 주
문부터 체결됩니다. A가 1,200원에 200주를 매수하는데 C가
1,000원에 300주를 매도한다고 했으므로 1,200원에 200주가 체
결됩니다. A의 주문이 모두 체결되고도 C의 주식은 100주가 남
아 있습니다. 그런데 B가 1,100원에 200주를 매수한다고 했으
므로 남은 C의 100주가 1,100원에 체결됩니다.

주식 주문 종류

이번에는 우리가 주문할 수 있는 종류들을 알아보겠습니다.

지정가 주문

가장 일반적인 것이 지정가 주문입니다. 내가 가격을 직접 지정하는 주문입니다. A주식을 3,000원에 사고 싶다면 3,000원에 주문을 넣는 것입니다. 3,000원 이하에 팔겠다는 사람이 있으면 거래가 체결되지만, 없으면 거래가 체결되지 않습니다.

시장가 주문

종목과 수량만 결정하는 것입니다. 'A라는 주식을 10주 사겠다'고 정해놓으면 현재 시세에 맞춰 10주를 사게 됩니다. 현재 시세가 1,500원이면 1,500원에, 2,000원이면 2,000원에 거래가 성사됩니다.

조건부 지정가 주문

매매 거래 시간에는 지정가 주문으로 하지만 체결되지 않을 경우 장 종료 단일가 매매 때 시장가 주문으로 전환됩니다.

최유리 지정가 주문

상대방의 최우선 호가 가격으로 지정되는 주문입니다. 주식을 사는 경우 가장 낮은 매도 가격으로 주문이 들어가고, 주식을 파는 경우라면 가장 높은 매수 가격으로 주문이 됩니다.

최우선 지정가 주문

최우선 호가의 가격으로 주문이 되는 것입니다. 매도하는 경우 가장 낮은 매도 주문 가격으로 주문이 들어가고, 매수하는 경우 가장 높은 매수 주문 가격으로 주문이 됩니다.

왜 사자마자 마이너스일까?(세금, 수수료)

처음 증권사를 선정할 때 수수료가 평생 무료라는 문구를 보고 계좌를 개설한 사람들이 많을 것입니다. 그런데 막상 주식을 매수하면 계좌 잔액이 마이너스인 것을 확인할 수 있습니다. 수수료가 무료인데 왜 잔액은 마이너스로 나오는 것일까요? 주식을 사고팔 때마다 붙는 비용들이 많기 때문입니다.

우선 주식을 사고팔 때마다 증권사에 수수료를 냅니다. 증권사의 서비스를 이용하는 대가로 매매수수료라고 부릅니다. 주식투자에서 이익을 봤든 손해를 봤든 상관없이 매수 매도 거래가 일어날 때마다 붙는 수수료입니다. 증권사에서 '평생 무료'라는 자극적인 문구를 써서 광고를 하는 것이 바로 이 매매수수료를 무료로 해주겠다는 것입니다.

하지만 주식을 사고팔 때는 매매수수료 외 유관기관 수수료도 있습니다. 주식을 거래할 때 이용하는 기관에 내는 수수료를 말합니다. 우리가 주식을 사면 이 주식을 어딘가에 보관해야 할 것입니다. 주식은 한국예탁결제원이라는 곳에 보관되고, 이 주식을 팔 때는 한국거래소를 통해 거래됩니다. 이들 기관에 내는 수수료는 무료가 아닙니다. 그래서 수수료 평생 무료라고 해도 마이너스가 나오는 이유가 바로 이 유관기관 수수료 때문입니다. 우리는 주식을 사고팔 때 국가에 '증권거래세'도 내야 합니다. 2021년부터는 0.23%를 내고, 2023년부터는 0.15%를 내야 합니다. 세금 역시 무료가 아닙니다.

　해외주식의 경우, 국내주식과 달리 양도소득세를 내야 합니다. 국내주식도 일정 기준을 충족할 경우 양도세를 내야 하는데, 일부 고액 투자자들의 이야기이므로 처음 투자를 하는 사람들은 크게 고민할 필요 없습니다. 하지만 해외주식은 250만 원 기본공제를 하고, 그 이상의 수익에 대해서는 22%의 세금을 내야 합니다. 예를 들어 1,250만 원을 벌었다면, 기본공제액인 250만 원을 뺀 1,000만 원에 대해 22%의 세금, 즉 220만 원을 내야 합니다.

오늘의 주식 공부 SUMMARY
주식 사고팔 때 기억할 점

1. 주식시장 매매 시간: 정규시장 오전 9시~오후 3시 30분
2. 주식 매매 체결 원칙: 가격 우선의 원칙, 시간 우선의 원칙
3. 주식 거래 시에 내는 비용: 주식 매매수수료, 유관기관 수수료, 세금

2장

저는 이제
주린이가 되었는데요

상장주식, 비상장주식, 국내주식, 해외주식

스타벅스 주식을
사고 싶은데 왜 없나요?

오늘의 주식 공부 POINT
- 상장기업과 비상장기업에 대해 알아보자.
- 국내주식과 해외주식에 대해 알아보자.

　　우리 생활에 필요한 거의 대부분의 것들은 기업이 생산합니다. 입는 옷, 먹는 음식, 사는 집도 모두 기업에서 만들죠. 그래서 처음 주식투자를 할 때는 우리 주변에서 친숙한 기업부터 관심을 가지는 경우가 많습니다. 내가 좋아하는 과자를 만드는 기업이라든지, 내가 즐겨 마시는 커피를 만드는 기업이라든지, 내가 매일 접속하는 인터넷 서비스 기업이라든지 말이죠. 그런데 우리 주변에 있는 어떤 기업의 주식이든 살 수 있을까요?

세상에 있는 2가지 기업, 상장기업 VS 비상장기업

　　기업은 크게 두 부류로 나눌 수 있습니다. 상장기업과 비상장기업입니다. 기업을 상장한다는 것은 '기업을 장(場)에 올린다'는 뜻입니다. 영어로 'listing'이라고 하는데 거래할 수 있는 리스트에 올라간다는 의미입니다. 기업이 상장되면 공개된 시장에서 일반인들도 그 기업의 주식을 거래할 수 있습니다. 그렇다면 왜 기업을 상장하는 걸까요?

기업을 상장하는 이유는 크게 3가지가 있습니다. 첫째, 자금 조달입니다. 설탕을 만들어 팔던 회사가 반도체 공장을 지으려면 지금까지와는 차원이 다른 막대한 자금이 필요합니다. 이때 상장을 하면 기업을 운영하고 성장시키는 데 필요한 자금을 조달할 수 있습니다. 둘째, 기업의 브랜드 가치가 높아집니다. 상장회사라는 것 자체로도 인지도가 높아질 뿐만 아니라 대외적인 이미지도 달라지는 효과가 있습니다. 셋째, 투자자본 회수입니다. 기업 설립자나 초기 투자자들은 자신들이 투자한 돈을 회수하고자 합니다. 기업을 상장시킬 경우 주식 거래가 활발해지면서 투자금 회수가 용이해집니다.

우리나라 증권시장 3대장

우리나라 증권시장에는 크게 코스피시장(유가증권 시장), 코스닥시장, 코넥스시장이 있습니다. 코스피시장은 법인 설립 후 최소 3년이 경과해야 하고, 자기자본 300억 원 이상, 상장주식 수 100만 주 이상 등 엄격한 기준을 충족해야 합니다. 기업의 계속성, 경영의 투명성, 투자자 보호 및 공익성도 까다롭게 심사합니다.

코스닥시장은 기업 규모는 작지만 성장성이 높은 벤처기업, 유망한 중소기업들이 자금 조달을 할 수 있도록 만든 시장입니다. 투자자들에게는 미래에 성장 가능성이 높은 기업에 투자할 수 있는 기회가 됩니다. 따라서 코스피보다는 완화된 기준으로 상장이 가능합니다. 코스닥시장은 코스피보다 성장성에 더 높은 가치를 두기 때문에 기대수익률은 높지만 그만큼 리스크도 큽니다.

코넥스시장은 초기 중소 벤처기업들을 위한 시장입니다. 코스피, 코스닥과는 달리 증권의 자유로운 유통과 재무 정보의 신뢰성 확보에 필요한 최소한의 요건만 적용하기 때문에 일반투자자들은 상당히 큰 리스크를 감수해야 합니다. 물론 그만큼 투자수익은 클 수 있습니다.

그렇다면 상장을 하지 않는 기업들도 있을까요? 물론입니다. 기업을 상장시킬 경우 주식이 분산되기 때문에 기업의 경영활동에 보다 높은 투명성이 요구됩니다. 기업을 경영하는 데 있어서도 많은 간섭을 받게 됩니다. 당장 큰 자본이 필요하지 않은 상태라면 상장을 서두르지 않는 기업들도 많습니다. 인터넷에서 해당 기업명을 검색했을 때, 그 기업의 주가가 나오지 않는다면 비상장기업일 가능성이 높습니다.

국내 상장 VS 해외 상장
아마존, 구글, 애플, 스타벅스 등 다국적기업들의 주식도 살 수 있을까요? 물론입니다. 하지만 이들은 우리나라 주식시장이 아닌 다른 나라 주식시장에 상장되어 있습니다. 따라서 그 시장에 참여해서 해당 주식을 사야 합니다. 요즘은 국내 증권사에서도 해외주식 거래 서비스를 잘 지원해주고 있어 별다른 어려움 없이 해외기업에 투자할 수 있습니다.

해외에 상장된 기업에 투자할 때 주의할 점 3가지가 있습니다. 첫째, 그 기업이 상장된 시장의 운영 시간을 잘 확인해야 합니다. 그리고 그 나라의 시간에 맞춰 주식 거래를 해야 합니다. 요즘 많이 투자하는 미국 증시 개장은 한국 시각으로 23시 30분~06시 00분입니다. 둘째, 환율을 고려해야 합니다. 아마존이나 구글, 애플, 스타벅스는 미국 시장에 상장된 기업입니다. 따라서 한국 돈을 달러로 바꾸어야 합니다. 이때 환율수수료를 잘 계산해서 투자해야 합니다. 환율의 상승과 하락에 따라 투자수익률이 달라지기 때문입니다. 셋째, 해외주식은 국내주식과 다른 세법이 적용된다는 점을 잘 인지하고 투자해야 합니다. 해외에서 투자 수익을 올린 경우 250만 원까지는 세금을 내지 않지만 그 이상의 수익에 대해서는 22%의 양도소득세를 내야 합니다.

오늘의 주식 공부 SUMMARY
기업과 주식의 상관관계

보통주, 우선주

삼성전자와 삼성전자우는
뭐가 다른 거예요?

오늘의 주식 공부 POINT
- 기업명 뒤에 '우'가 붙은 종목들의 의미를 알아보자.
- 보통주와 우선주, 내 스타일에 맞는 종목에 투자하자.

처음 주식투자를 하는 사람들이 가장 먼저 검색해보는 종목 중 하나가 바로 '삼성전자', '현대차' 같은 우리나라를 대표하는 기업들입니다. 이들 기업을 검색해보면 한 가지 이상한 점을 발견할 수 있습니다. 단순히 '삼성전자', '현대차'라는 종목만 나오는 것이 아니라 뒤에 '우'가 붙은 종목이 함께 검색됩니다. 삼성전자-삼성전자우, 현대차-현대차우 등. '우'가 붙은 종목과 붙지 않은 종목은 어떤 차이가 있을까요?

종목명	현재가	전일대비	등락율	매도호가	매수호가	거래량	거래대금(백만)
삼성전자 코스피	83,700	▲ 400	+0.48%	83,700	83,600	5,863,917	489,412
삼성전자우 코스피	75,400	▲ 100	+0.13%	75,400	75,300	528,345	39,783
현대차 코스피	229,500	▼ 500	-0.22%	230,000	229,500	276,505	63,568
현대차우 코스피	109,500	▼ 1,500	-1.35%	110,500	110,000	25,493	2,805

'삼성전자-삼성전자우', '현대차-현대차우'로 검색되는 화면

보통주와 우선주, 우선주에는 '우'가 붙는다

처음에 주식투자를 했을 때가 생각납니다. 삼성전자 뒤에 '우' 자가 붙은 것을 보고 '삼성전자 우량주'를 줄인 것인 줄 알았습니다. 하지만 여기서 '우'는 '우량하다'의 '우'가 아닙니다. 주식 종목명에 '우'가 없는 것은 보통주, '우'가 붙은 것은 우선주를 뜻합니다. 보통주보다 무언가를 우선적으로 해준다는 뜻인 것 같은데, 삼성전자'우'는 삼성전자보다 무엇을 더 우선해주는 것일까요?

먼저 보통주와 우선주를 구분하는 기준은 의결권입니다. 의결권이라는 것은 주주총회에서 표를 행사할 수 있는 권리입니다. 의결권이 있는 주식은 보통주, 의결권이 없는 주식은 우선주라고 부릅니다. 기업의 입장에서는 보통주와 우선주를 구분해서 주식을 발행할 경우 어떤 점이 좋은 걸까요? 아니, 기업은 왜 우선주를 발행하는 것일까요?

예를 들어 현대차가 사업에 큰 자금이 필요해서 주식을 발행하기로 했다고 해봅시다. 어떤 투자자가 큰돈을 가지고 현대차가 발행한 주식을 매수하기 시작하면 기업의 경영권을 위협받을 수 있습니다. 자금을 조달하려다 자칫 경영권이 흔들릴 우려가 생기면 이러지도 저러지도 못하는 상황에 처할 수 있겠지요. 이때 기업이 사용할 수 있는 카드가 바로 '우선주 발행'입니다. 투자자들이 의결권이 없는 우선주를 매입하면 주주총회에서 표를 행사할 수 없기 때문에 경영권을 빼앗길 우려가 없습니다. 안전하게 자금을 조달할 수 있는 것이지요. 하지만 우선주가 의결권이 없다면 아무래도 투자의 매력도가 떨어져서 자금 조달이 어려울 수도 있겠죠? 그래서 우선적으로 배당을 좀 더 해주고, 회사가 어려워져서 청산을 하게 되면 우선적으로 자금을 분배해주겠다고 조건을 부여하는 것입니다. 경영권에 큰 관심이 없는 투자자라면 배당을 더 많이 주고 청산 시에도 우선적으로 분배해주는 우선주가 꽤 매력적이겠죠.

삼성전자의 2021년 1분기 사업보고서를 한번 살펴보겠습니다. 삼성전자의 배당에 대한 공시를 살펴보면 다음과 같습니다.

[주요 배당지표]   (단위 : 원, 백만원, %, 주)

구 분		주식의 종류	당기	전기	전전기
			제52기	제51기	제50기
주당액면가액(원)			100	100	100
(연결)당기순이익(백만원)			26,090,846	21,505,054	43,890,877
(별도)당기순이익(백만원)			15,615,018	15,353,323	32,815,127
(연결)주당순이익(원)			3,841	3,166	6,461
현금배당금총액(백만원)			20,338,075	9,619,243	9,619,243
주식배당금총액(백만원)			–	–	–
(연결)현금배당성향(%)			78.0	44.7	21.9
현금배당수익률(%)		보통주	4.0	2.6	3.7
		우선주	4.2	3.1	4.5
주식배당수익률(%)		보통주	–	–	–
		우선주	–	–	–
주당 현금배당금(원)		보통주	2,994	1,416	1,416
		우선주	2,995	1,417	1,417
주당 주식배당(주)		보통주	–	–	–
		우선주	–	–	–

2021년 1분기 삼성전자 사업보고서

2020년 삼성전자에는 2,994원의 현금 배당을 결정했고, 삼성전자우에는 2,995원의 현금 배당을 결정했습니다. 2020년뿐만 아니라 2019년과 2018년에도 삼성전자우의 현금 배당이 삼성전자보다 많습니다. 현대차도 마찬가지입니다.

주요배당지표

구 분	주식의 종류	당기	전기	전전기
		제53기	제52기	제51기
주당액면가액(원)		5,000	5,000	5,000
(연결)당기순이익(백만원)		1,424,436	2,980,049	1,508,084
(별도)당기순이익(백만원)		526,975	2,832,289	414,941
(연결)주당순이익(원)		5,454	11,310	5,632
현금배당금총액(백만원)		785,516	1,053,518	1,066,184
주식배당금총액(백만원)		-	-	-
(연결)현금배당성향(%)		55.1	35.4	70.7
현금배당수익률(%)	보통주	1.6	3.3	3.3
	우선주	3.4	4.9	5.4
주식배당수익률(%)	보통주	-	-	-
	우선주	-	-	-
주당 현금배당금(원)	보통주	3,000	4,000	4,000
	우선주	3,100	4,100	4,100
주당 주식배당(주)	보통주	-	-	-
	우선주	-	-	-

2021년 1분기 현대차 사업보고서

　

2020년 현대차에는 3,000원의 현금 배당을 결정했고 현대차 우에는 3,100원의 현금 배당을 결정했습니다. 이처럼 각 기업들은 우선주에 조금이라도 더 많은 배당금을 지급하고 있습니다.

보통주와 우선주의 가격 차이는 얼마가 적당할까?

동학개미, 스마트개미, 소액주주 운동 등 주식에 관심을 갖는 개인투자자들이 많은 시점에서 의결권의 가치는 과연 얼마가 적당할까요? 적극적으로 주주총회에 참여해 자신의 의사를 전달할 수 있다는 측면에서 높은 가치를 줄 수도 있지만, 내가 가지고 있는 몇 안 되는 주식 수로는 의사 결정에 크게 영향을 미치기 어렵다는 현실적인 측면에서는 의결권 자체에 높은 가치를 두지 않을 수도 있습니다.

2021년 4월 19일을 기준으로 삼성전자의 종가는 83,300원이고, 삼성전자우의 종가는 75,300원입니다. 현대차는 보통주 230,000원, 우선주 111,000원입니다. 삼성전자는 우선주의 가격이 보통주의 약 90%이며, 현대차는 우선주의 가격이 보통주 대비 약 48%입니다. 물론 다른 종목을 가지고 보통주와 우선주의 가격 차이를 단순 비교하기는 힘들지만, 상황에 따라 보통주와 우선주의 가격 차이가 좁혀지기도 하고 벌어지기도 한다는 것입니다. 같은 종목의 기업 주식에서 이 괴리율이 지나치게 벌어진다면 우선주가 지나치게 낮은 평가를 받고 있다고 생각할 수 있습니다. 보통주와 우선주의 가격 괴리율을 잘 살펴본다면 투자의 기회를 잡을 수도 있습니다.

오늘의 주식 공부 SUMMARY
보통주와 우선주의 차이

1. 보통주에는 의결권이 있지만 우선주에는 의결권이 없다.
2. 우선주는 보통주보다 더 많은 배당금을 받는다.
3. 우선주는 기업 청산 시 우선적으로 청산금을 분배받는다.

주가 vs 시가총액

삼성전자가
왜 농심보다 싼가요?

오늘의 주식 공부 POINT
- 주가와 시가총액의 개념을 이해하자.
- 시가총액을 통해 글로벌 산업의 트렌드를 확인하는 법을 배우자.

 "요즘 삼성전자 얼마야?"라는 질문을 하면 "너도 나도 삼성전자 주식을 사는 시대에 삼성전자가 얼마인지도 모르냐?"는 핀잔을 들을지도 모르겠습니다. 4만전자, 6만전자, 8만전자를 넘어 이제는 10만전자를 넘보고 있으니까요. 2021년 4월 19일 종가를 기준으로 삼성전자의 주가는 83,300원입니다. 많은 사람들이 아마도 삼성전자의 가격을 보고 이렇게 생각할 것입니다. '아직 삼성전자가 10만 원도 안 하네! 생각보다 싼데?'

 이번에는 농심에 대해 살펴보겠습니다. 우리가 많이 먹는 신라면을 생산하는 기업입니다. 농심의 주가는 2021년 4월 19일 종가 기준으로 293,500원입니다. 여기서 질문을 하나 해보겠습니다. 삼성전자와 농심 중 어떤 게 더 비싼 걸까요? 당연히 농심이 비싼 건가요?

삼성전자가 농심보다 싸다는 생각

단순히 생각하면 삼성전자는 83,300원, 농심은 293,500원이니까 농심이 삼성전자보다 무려 3배나 더 비쌉니다. 하지만 과연 그럴까요? 우리나라를 대표하는 삼성전자의 가격이 라면을 만드는 농심의 1/3 가격이라고요? 뭔가 좀 이상하지 않나요? 엄밀하게 말해서 단순 1주의 가격은 삼성전자가 농심보다 저렴한 것이 맞습니다. 하지만 그렇다고 해서 주가가 아닌 기업의 가격도 삼성전자가 농심보다 1/3 저렴한 것일까요?

결론부터 이야기하면 그렇지 않습니다. 우리는 주식이 기업의 소유권을 의미한다는 것을 알고 있습니다. 그래서 주가가 비싸면 그 기업의 가격도 비싸고, 주가가 싸면 그 기업의 가격도 쌀 것이라고 생각합니다. 지극히 자연스러운 생각입니다. 하지만 주가와 시가총액을 구분할 줄 알아야 합니다.

시가총액과 주가를 구분하자

기업의 가격은 시가총액으로 평가됩니다. 시가총액이란 그 기업의 1주당 주가를 발행 주식 총수로 곱한 값입니다. 1주의 가격이 1만 원이고 발행 주식 수가 3천 주라면 시가총액은 3천만 원이 됩니다. 이 3천만 원이 그 기업의 현재 가격입니다. 예를 들어 누군가가 'A라는 기업, 얼마면 내 것으로 만들 수 있어?'라고 묻는다면 답은 이렇습니다. "시가총액만큼 주면 내 것으로 만들 수 있어." 물론 인수 과정에서 주가가 급등하면 더 많은 돈이 필요할 수도 있습니다.

기업이 발행한 주식의 수가 모두 똑같다면 1주당 주가에 따라 기업의 가격을 비교할 수 있을지 모르겠습니다. 하지만 기업마다 발행한 주식의 총수가 다르고 액면가도 다릅니다. 그래서 기업의 가격을 볼 때는 시가총액을 보아야 합니다. 다시 삼성전자와 농심의 사례를 살펴보겠습니다.

삼성전자의 주가는 83,300원, 상장주식 수는 5,969,782,550주, 액면가는 100원입니다. 삼성전자의 시가총액을 구해보면 83,300원 × 5,969,782,550주이므로 약 499조입니다. 이번에는 농심입니다. 농심의 주가는 293,500원, 상장주식 수는 6,082,642주, 액면가는 5,000원입니다. 농심의 시가총액을 구해보면 293,500원 × 6,082,642주 = 약 1조 8,000억 원이 나옵니다.

삼성전자는 약 499조, 농심은 1조 8,000억 원으로 시가총액을 비교해보면 삼성전자가 농심보다 무려 약 277배나 더 비싼 기업입니다. 그런데 주가는 삼성전자가 83,300원, 농심은 293,500원이니 많은 사람들이 삼성전자가 농심보다 싸다고 오해하는 것입니다.

주가가 낮다고 해서 그 기업이 다른 기업보다 싸다고 생각해서는 안 됩니다. 그 기업이 진짜 싼지 비싼지는 시가총액으로 알 수 있습니다. 이제부터라도 삼성전자의 주가가 농심의 주가보다 낮다는 이유로 삼성전자 주식이 싸다고 생각하지는 않으면 좋겠습니다.

시가총액을 통해 보는 산업 트렌드

시가총액은 그 기업의 가격이라고 했습니다. 그래서 시가총액을 보면 현재 어느 산업의 어떤 기업이 좋은 성과를 내고 있는지 알 수 있습니다. 아래의 전 세계 시가총액 상위 10위 기업들을 보면 7개가 IT 관련 기업들입니다. 지금 전 세계에서 가장 성장성이 높고 돈을 잘 버는 기업들입니다.

글로벌 시가총액 상위 10대 기업 순위의 변천사를 보면 산업의 트렌드가 어떻게 변화하는지 알 수 있습니다. 2007년만 하더라도 엑슨모빌 1위, GE가 2위, 가스프롬 6위, 토요타자동차 7위로 에너지와 제조업 관련 기업들이 시가총액 상위권에 이름

1	Apple AAPL	$2.264 T	$134.84	0.51%		us USA
2	Microsoft MSFT	$1.951 T	$258.74	-0.77%		us USA
3	Saudi Aramco 2222.SR	$1.896 T	$9.48	0.789%		sa S. Arabia
4	Amazon AMZN	$1.700 T	$3.372	-0.81%		us USA
5	Alphabet (Google) GOOG	$1.547 T	$2.302	0.70%		us USA
6	Facebook FB	$858.74 B	$302.24	-1.29%		us USA
7	Tencent 700.HK	$767.19 B	$79.61	-1.72%		cn China
8	Tesla TSLA	$685.94 B	$714.63	-3.40%		us USA
9	Alibaba BABA	$647.40 B	$234.78	-1.64%		cn China
10	Berkshire Hathaway BRK-B	$620.91 B	$406.505	-0.67%		us USA

전 세계 시가총액 상위 10위 기업(2021년 4월 20일 기준)

순위	2017년 2Q	2015년	2013년	2011년	2009년	2007년
1	애플	애플	애플	엑슨 모빌	엑슨 모빌	엑슨 모빌
2	알파벳	엑슨 모빌	엑슨 모빌	페트로차이나	페트로차이나	GE
3	마이크로소프트	버크셔해서웨이	버크셔해서웨이	애플	월마트	마이크로소프트
4	아마존 닷컴	구글	페트로차이나	중국공산은행	중국공산은행	씨트그룹
5	버크셔해서웨이	마이크로소프트	월마트	페트로브리스	차이나모바일	AT&T
6	존슨앤드존슨	페트로차이나	GE	BHP 빌리턴	마이크로소프트	가스프롬
7	페이스북	웰스파고	마이크로소프트	중국건설은행	AT&T	토요타자동차
8	텐센트홀딩스	존슨앤드존슨	IBM	로얄더치쉘	존슨앤드존슨	BOA
9	엑슨 모빌	중국공상은행	네슬레	쉐브론	로얄더치쉘	중국공상은행
10	JP 모간체이스	노바티스	쉐브론	마이크로소프트	P&G	로얄 더치 쉘

주: 알파벳과 버크셔헤서웨이는 시가총액 합산. 2014년 기업공개(IPO)를 한 알리바바 제외
자료: FT, 한국투자증권

을 올렸습니다. 10년이 지난 2017년의 데이터를 보면 엑슨모빌을 제외하고 다른 기업들은 10위 안에서 찾아볼 수 없습니다. 2017년에는 애플, 알파벳(구글의 지주회사), 마이크로소프트, 아마존닷컴, 페이스북, 텐센트홀딩스와 같은 IT 기업들이 주를 이루고 있습니다.

다음은 우리나라 코스피 상위 10위 기업입니다. 1위 삼성전자를 시작으로 SK하이닉스, 네이버, 카카오와 같은 IT 기업과 LG화학, 현대차, 삼성SDI와 같이 차세대 자동차 관련 기업, 삼성바이

N	종목명	현재가	전일비	등락률	액면가	시가총액	상장주식수	외국인비율	거래량	PER	ROE
1	삼성전자	83,700	▲ 400	+0.48%	100	4,996,708	5,969,783	54.76	9,433,093	21.79	9.99
2	SK하이닉스	138,000	0	0.00%	5,000	1,004,643	728,002	50.39	1,160,664	21.13	9.53
3	NAVER	390,500	▲ 500	+0.13%	100	641,449	164,263	57.07	270,781	64.05	15.22
4	LG화학	887,000	▲ 6,000	+0.68%	5,000	626,154	70,592	44.34	136,332	135.44	2.93
5	삼성전자우	75,500	▲ 200	+0.27%	100	621,279	822,887	77.70	731,740	19.66	N/A
6	삼성바이오로직스	840,000	▲ 10,000	+1.20%	2,500	555,786	66,165	10.37	76,311	230.64	N/A
7	카카오	120,000	▲ 1,000	+0.84%	100	532,571	443,809	33.91	1,957,846	338.03	2.70
8	현대차	229,000	▼ 1,000	-0.43%	5,000	489,300	213,668	30.77	427,528	44.53	2.04
9	삼성SDI	690,000	▲ 2,000	+0.29%	5,000	474,475	68,765	42.79	119,920	84.50	4.54
10	셀트리온	303,000	▼ 6,500	-2.10%	1,000	409,134	135,028	21.37	650,210	81.52	16.68

한국 코스피 상위 10위 기업(2021년 4월 20일 기준)

오로직스, 셀트리온과 같은 BT(바이오 테크놀로지) 기업들이 있습니다. 모두 우리나라를 이끌어가는 산업에 속한 기업들입니다.

　시가총액 상위권을 이루고 있는 기업들을 살펴보면 현재 많은 관심을 받고 있는 업종이 무엇인지, 주도주가 어떤 것인지 알 수 있습니다. 시가총액 상위 10위 기업의 변화를 잘 살핀다면 현재 어떤 기업들이 주도권을 잡고 있고, 앞으로 산업이 어떻게 변화할지 힌트를 얻을 수 있습니다.

오늘의 주식 공부 SUMMARY
주가 VS 시가총액

- 주가: 1주의 가격
- 시가총액: 상장주식 전체를 시가로 평가한 가격
- 시가총액 상위 10위 기업들을 살펴보면 현재 성장하는 산업의 트렌드를 엿볼 수 있다.

증자와 감자

유상증자, 무상증자, CB, BW 좋은 건가요?

오늘의 주식 공부 POINT

- 유상증자, 무상증자의 개념에 대해 공부해보자.
- 전환사채와 신주인수권부사채에 대해 공부해보자.

기업을 경영하면서 자금이 필요할 때는 어떻게 해야 할까요? 새로운 시설을 설치한다든지, 새로운 사업을 시작할 때마다 자금이 충분히 있다면 좋겠지만 대부분의 기업들은 자금이 부족할 것입니다. 이렇게 돈이 부족할 때 기업이 자금을 조달할 수 있는 방법은 크게 2가지입니다. 하나는 투자금을 유치하는 것이고, 다른 하나는 회사채를 발행하는 것입니다.

유상증자와 무상증자

주식투자를 몇 번 하다 보면 유상증자를 한다는 뉴스를 본 적이 있을 것입니다. 그럴 때마다 '유상증자가 대체 뭐지?', '유상증자를 하면 좋은 건가?'라는 생각을 해보셨을 텐데요. 기업이 유상증자를 하는 이유는 사실 간단합니다. 돈이 필요해서입니다.

어떤 이유로든 돈이 필요한 상황에서 기업이 자금을 조달할 수 있는 방법 중 하나가 유상증자입니다.

A기업이 사업이 잘되어서 공장을 새로 지으려고 합니다. 공장을 짓는 데 너무 많은 돈이 들어 보유하고 있는 자금으로는 부족합니다. A기업은 어떻게 할 수 있을까요? 여러 가지 방법이 있겠지만 가장 먼저 생각해볼 수 있는 방법은 A기업의 주주들을 불러서 투자금을 더 받는 것입니다. 투자 안건을 논의하기 위해 주주총회를 열고 자금이 얼마가 필요하다고 이야기합니다. 그리고 자금을 투자한 만큼 주식을 주겠다고 약속하는 것입니다. 회사의 계획에 찬성하는 사람은 투자금을 더 내놓겠지만, 찬성하지 않는 사람도 있겠죠? 그러면 주주들이 아닌 사람들에게도 투자를 권유하는데, 이때 기존 주주가 아닌 사람들에게 돌아가는 주식을 '실권주'라고 합니다.

실권주의 정확한 사전적 의미는 '신주 인수권자가 청약하지 않거나 청약 후 납부일에 돈을 내지 않아 인수되지 않은 주식'입니다. 실권주에 관심 있는 외부 투자자들은 돈을 출자하고 그에 상응하는 주식을 받는데 이것을 유상증자라고 합니다. 기업은 은행이나 다른 사람에게 돈을 빌리지 않고 주식을 발행해 필요한 돈을 조달한 것입니다.

반면 실적이 좋고 회사 자금도 풍부하게 쌓여 있는 경우 따로 돈을 내지 않아도 주식을 나눠주는 경우가 있습니다. 유상증자와 똑같이 주식을 주지만 별도의 돈을 내지 않아도 되기 때문에 무상증자라고 합니다. 무상증자는 자본금상의 변화는 없기 때문에 기업의 가치는 그대로이고 주식 수만 늘어나는 것입니다. 예를 들어 시가총액 100억 원인 기업의 주가가 현재 1만 원이고 총주식 수는 100만 주라고 해봅시다. 기업에서 100% 무상증자를 결정하면 주식 수는 2배인 200만 주가 되고 주가는 5,000원이 됩니다. 시가총액은 100억 원으로 이전과 똑같습니다.

유상증자와 무상증자를 하면 주가가 오를까?

유상증자를 하면 단기적으로는 주가가 하락하는 경우가 많습니다. 왜냐하면 보통 현재 주가보다 낮은 가격에 증자를 시행하기 때문에 차익 실현을 위해 매도하는 경우가 많기 때문입니다. 매도 물량이 많아지면서 주가가 자연스럽게 하락하는 것이죠. 하지만 그런 시세차익 매도 물량이 어느 정도 소화되고, 기업이 확보한 자금으로 경영을 잘해나간다면 주가는 중장기적으로 상승합니다. 물론 이와 반대로 자금 조달을 한 기업이 목적과 다른 곳에 돈을 쓰거나 자금을 제대로 활용하지 못한다면 주가는 다시 하락합니다. 유상증자를 하더라도 조달한 자금을 어떻게 쓰느냐에 따라 주가는 중장기적으로 상승할 수도, 하락할 수도 있습니다. 단, 단기적으로 보면 하락하는 경우가 많습니다.

무상증자의 경우에는 조금 다릅니다. 주식을 10주 가지고 있는데 갑자기 공짜로(무상증자) 10주 더 준다고 해봅시다. 너도 나도 그 주식을 사서 10주 더 받으려고 할 것입니다. 그러면 매수 물량이 많아지면서 자연스럽게 주가가 상승합니다. 또한 무상 증자 후에도 주가가 상승하는 경우가 많습니다. 시가총액이 똑같다고 하더라도 1만 원짜리 주식이 5,000원이 되니 심리적으로 싸다는 생각이 들어 매수하는 사람들이 늘어나기 때문입니다.

유상감자, 무상감자는 무엇일까?

감자는 증자의 반대말로 자본금을 줄이는 행위입니다. 유상 감자란 회사가 주주로부터 주식을 사들여 주식을 없애는 것입니다. 즉, 주주들이 보유한 주식 수만큼 돈으로 환급해주는 것입니다. 유상감자는 기업의 규모에 비해 지나치게 자본금이 많다고 생각하는 경우나 최대주주가 경영권을 포기하고 투자금을 회수하고 싶을 때 진행합니다. 주주 입장에서 유상감자는 주식을 사서 없애기 때문에 호재라고 볼 수 있습니다.

반면 무상감자는 주주들에게 어떠한 보상도 하지 않은 채 주주들이 가지고 있는 주식을 없애는 것입니다. 예를 들어 5:1의 무상감자를 진행하는 기업이 있다고 해봅시다. 5주가 갑자기 1주로 줄어버립니다. 아무런 보상도 없이 주식이 사라져버리는데 좋아할 주주는 없습니다. 그렇다면 무상감자는 왜 하는 걸까요? 무상감자는 주로 자본잠식이 발생한 회사가 이를 해결하기 위해 사용합니다. 자본잠식이란 자본 총계가 자본금보다 적어지는 것을 말합니다. 자본잠식이 지속될 경우 상장폐지를 하게 되는데 이를 막기 위해 무상감자를 하는 것입니다.

자본 총계 = 자본금 + 이익잉여금 + 자본잉여금
자본잠식: 자본금 〉 자본 총계

예를 들어 A라는 기업의 자본금이 200억 원입니다. 이익잉여금은 적자를 봐서 -450억 원, 자본잉여금은 300억 원입니다. A기업의 자본 총계를 구해보면 자본금(200억) + 이익잉여금(-450억) + 자본잉여금(300억)으로 50억 원이 됩니다. 자본 총계가 50억 원인데 자본금은 200억 원으로 자본금이 자본 총계보다 큽니다. A기업은 자본잠식 상태이므로 상장폐지가 될 수도 있습니다. 이런 상황에서 A기업이 무상감자를 결정하면 자본금이 줄어들면서 자본잠식 상태에서 벗어날 수 있습니다.

CB(전환사채)와 BW(신주인수권부사채)는 무엇일까?

기업이 투자자에게 지분을 주고 자금을 조달하는 방법도 있지만 이자를 주고 자금을 조달할 수도 있습니다. 바로 회사채를 발행하는 방법입니다. 이 경우 채권을 발행해 약속된 이자를 정기적으로 지급하고 만기일에 원금을 상환하면 됩니다. 보통의 회사채는 약속된 이자와 원금을 상환하면 되지만 조금 특수한 회사채가 있습니다. 전환사채와 신주인수권부사채입니다. 이것은 채권자들에게 특수한 권리를 줌으로써 기존 회사채보다 조금 더 저렴한 금리로 자금을 조달하는 장점이 있습니다. 하지만 주주의 입장에서 보면 꼭 좋지만은 않습니다. 그 이유가 무엇일까요?

전환사채(CB, Convertible Bond)

전환사채는 처음에는 회사채로 발행되었지만 일정 기간이 경과하면 주식으로 전환할 수 있습니다. 전환사채를 가진 채권자는 만기 때 원금과 이자를 받거나 아니면 주식으로 바꿀 수 있습니다. 1년 만기 수익률 10%, 최초 발행 시 주가 10만 원이었던 전환사채가 있다고 해봅시다. 일단 채권만기일에 수익률 10%와 원금을 받을 수 있습니다. 그런데 10만 원짜리 주가가 20만 원으로 상승했습니다. 그러면 원금 10만 원과 이자 1만 원을 받는 것보다 주식으로 전환해서 10만 원의 시세차익을 얻는 것이 더 나은 선택일 것입니다. 이것이 바로 전환사채입니다.

신주인수권부사채(BW, Bond with Warrant)

신주인수권부사채는 만기 시 이자와 원금을 받고 신주 인수를 청구할 권리가 있는 회사채입니다. 만기 시 주가가 많이 올라서 최초 발행가보다 높다면 추가 자금을 투입해 주식을 인수하는 것입니다. 예를 들어 1년 만기 수익률 10%, 최초 발행 시 주가 10만 원짜리 회사채가 있다면 만기일에 원금과 이자를 수령하고 동시에 주식을 매수할 권리도 행사할 수 있습니다. 발행 시 10만 원짜리 주식이 20만 원이 되었다면 신주인수권을 행사해

10만 원의 시세차익을 볼 수 있는 것입니다. 투자자 입장에서 보면 이자소득과 주식을 통한 자본소득을 동시에 가져갈 수 있는 좋은 선택지가 됩니다.

전환사채와 신주인수권부사채를 발행하면 주가가 오를까?

전환사채와 신주인수권부사채를 발행하면 주가가 오를까요? 전환사채든 신주인수권부사채든 인수한 주식을 매도해야 시세차익을 볼 수 있으므로 매도 물량이 늘어나 일반적으로 주가에 안 좋은 영향을 미칩니다. 따라서 전환사채나 신주인수권부사채를 발행한다는 뉴스가 나온다면 일단은 회사에 돈이 필요한 상황이라는 것을 기억하면 됩니다. 또한 주주의 입장에서 매도 물량이 늘어나 주가가 오르지 못할 수도 있다고 생각하면 됩니다.

오늘의 주식 공부 SUMMARY
주식 용어 알아두기

1. 유상증자: 주식을 추가로 발행해 자본금을 늘리는 것
2. 무상증자: 주식 대금을 받지 않고 주주들에게 주식을 나눠주는 것
3. 유상감자: 주식 수를 줄여 소멸된 주식의 대가를 주주들에게 지급하는 것
4. 무상감자: 주주들에게 보상을 하지 않고 주식 수를 줄이는 것
5. 전환사채(CB): 주식으로 전환할 수 있는 옵션이 있는 채권
6. 신주인수권부사채(BW): 미리 정해진 가격으로 신주를 인수할 권리가 있는 채권

효율적 시장가설과 랜덤워크이론

소문에 사서
뉴스에 팔아라

오늘의 주식 공부 POINT

- '소문에 사서 뉴스에 팔아라'는 격언을 이해하자.
- 효율적 시장가설과 랜덤워크 이론에 대해 알아보자.

주가는 하루에도 수시로 변합니다. 작은 뉴스 하나가 기업의 주가를 하한가까지 떨어뜨리기도 하고, 유명인의 말 한마디에 상한가까지 올라가기도 합니다. 주가가 수시로 변하는 이유는 기업의 정보가 가격에 반영되기 때문입니다. 정보를 빨리, 많이 아는 자가 주식시장에서 유리한 이유도 바로 여기에 있습니다.

효율적 시장가설

모 기업에서 신약 개발에 성공했다는 소식이 흘러나왔습니다. 뉴스가 나오기 무섭게 주가가 치솟기 시작합니다. 신약의 효능부터 시장의 크기까지 언급되면서 10분도 되지 않아 상한가를 기록합니다. 신약을 개발했다는 정보가 주가에 반영되는 것입니다. 이는 비단 주식시장에만 적용되는 이야기가 아닙니다.

부동산 시장도 마찬가지입니다. 어느 동네에 지하철역이 들어설 예정이라는 뉴스가 나오면 그 지역의 아파트 값이 오르기 시작합니다. 정보의 가치가 아파트 가격에 반영된 것입니다. 이처럼 정보가 가격에 빠르게 반영된다는 것이 바로 효율적 시장가설입니다. 미국의 경제학자 유진 프랜시스 파마가 주장한 효율적 시장가설은 정보의 범위에 따라 3가지 시장으로 나누는 것입니다. 약성 효율적 시장, 준강성 효율적 시장, 강성 효율적 시장입니다. 아래 표를 보면서 하나하나 설명하겠습니다.

| 효율적 시장가설 |

시장	반영 정보	정상 이윤	초과 이윤			정보 비용
			과거 정보	현재 정보	미래 정보	
약성	과거	○	×	○	○	○
준강성	과거+현재	○	×	×	×	×
강성	과거+현재+미래	○	×	×	×	×

가장 먼저 약성 효율적 시장은 현재의 가격에 과거의 정보가 반영되어 있기 때문에 어떠한 과거의 자료를 분석한다고 해도 정상 이상의 초과 이윤을 얻을 수 없는 시장을 말합니다.

준강성 효율적 시장은 과거의 정보와 현재의 정보가 가격에 반영되는 시장입니다. 어떤 새로운 정보가 공표되는 즉시 신속하고 정확하게 반영되는 시장을 말합니다. 어떤 투자자도 공식적으로 이용 가능한 정보를 기초로 초과 이윤을 얻기는 불가능합니다. 여기서 말하는 공식적으로 이용 가능한 정보란 과거의 주가 자료, 기업의 회계 자료, 증권 관계기관의 투자 자료와 공시 기관의 정보를 말합니다.

강성 효율적 시장은 공표되지 않은 정보까지도 이미 가격에 반영되어 있는 시장을 말합니다. 강성 효율적 시장은 과거, 현재, 미래 정보까지 이미 가격에 반영되어 있기 때문에 어떠한 경우에도 초과 이윤을 얻기 어렵습니다.

좋은 뉴스를 보고 사면 이미 늦다

주식시장이 강성 효율적 시장이라면 모든 투자자들은 초과 이윤을 얻을 수 없습니다. 하지만 적지 않은 투자자들이 시장 기대수익률 이상의 수익률을 얻고 있으며, 금융위기 같은 갑작스러운 상황이 주가에 이미 반영되어 있는 것 같지도 않습니다. 미래의 금융위기가 주가에 반영된다면 버블 현상은 생기지 않을 것이기 때문입니다. 그럼에도 공개된 정보가 주가에 즉각적인 영향을 주는 것은 분명해 보입니다. 모 기업이 M&A를 한다거나, 사상 최대 실적을 냈다는 뉴스가 공개되면 주가는 이를 반영해 움직이는 것을 볼 수 있습니다.

그렇다면 우리는 어떻게 투자해야 하는 걸까요? '소문에 사서 뉴스에 팔아라'는 투자 격언을 잘 기억하면서 투자 타이밍에 대해 이야기해보겠습니다.

A기업이 신약을 개발했다고 해봅시다. 인간의 불치병을 치

료할 수 있는 신약인데, 이 병으로 고통받는 인구가 수십억 명에 달한다고 합니다. 이제 A기업은 신약을 가지고 어마어마한 돈을 벌 수 있습니다. 이 뉴스를 접한 나의 마음은 어떨까요? 아마 대부분의 사람들이 그 기업의 주식을 사고 싶을 것입니다. 그럴수록 주가는 점점 올라가겠죠. 그렇게 모두가 기업의 장밋빛 전망을 떠올릴 때 A기업의 주가는 사상 최고치를 기록할 것입니다. 아무도 팔지 않고 사려고만 할 테니까요.

이 상황에서 우리는 언제 주식을 팔아야 할까요? 신약이 약국에 판매되어서 많은 사람들이 약을 복용할 때 팔아야 할까요? 세계적인 투자자 워런 버핏은 한 언론과의 인터뷰에서 이런 말을 했습니다.

> 대다수 사람들은 모두가 주식에 관심을 가질 때 주식에 관심을 가진다. 하지만 정작 주식에 관심을 가져야 할 때는 아무도 관심을 가지지 않을 때다.

워런 버핏의 말에 따르면 사람들이 신약 개발로 너도 나도 관심을 가지기 시작할 때 슬슬 팔 타이밍을 고민해야 합니다. 하지만 일반적으로 개인투자자들은 좋은 뉴스가 나오면 주식을 매수합니다. 앞으로 좋아질 것이라고 생각하기 때문입니다. 하지만 그 뉴스가 나오고 나서 오히려 주가가 하락하기 시작합니다. 기관이 많은 양의 주식을 팔기 때문이죠. 개인투자자들은 호재성 뉴스를 보고 주식을 사지만, 기관은 그 뉴스를 보고 주식을 팔아 차익을 실현합니다. 기관이 보유하고 있는 엄청난 양의 주식을 좋은 뉴스를 보고 개인들이 사는 것입니다.

앞서 이야기했던 효율적 시장가설에 따르면 뉴스가 나오는 순간 이미 주가에 그 정보가 반영되어 더 이상 가치가 없게 됩니다. 그때 주가가 정점에 이르는 것입니다. 더 이상 새로운 정보가 없다면 말입니다. 좋은 뉴스가 나온다고 해서 주식을 사서는 안 됩니다. 아무런 뉴스가 없을 때, 어쩌면 나쁜 뉴스가 나왔을 때 주식을 사야 합니다. 그리고 좋은 뉴스가 나오면 슬슬 주식을 팔기 시작해야 합니다.

주가는 그 누구도 예측할 수 없다

많은 사람들이 주가를 예측하려고 합니다. 재무제표를 보는 사람, 차트를 보는 사람, 기업의 경영자를 보는 사람 등 자신만의 기준으로 주가를 전망합니다. 하지만 주가를 예측할 수 있다면 아무도 회사에 나가 노동을 하지 않을 것입니다. 주가 예측만 잘해도 큰돈을 벌 수 있으니까요.

프린스턴대학교의 버턴 말킬 교수는 재미있는 실험을 했습니다. 자신의 학생들에게 가상의 50달러를 나눠주고 다음 날부터 동전을 던지게 한 것입니다. 동전을 던져서 앞면이 나오면 전일 마감 가격에 0.5달러를 더하고, 뒷면이 나오면 0.5달러를 깎는 식으로 기록했습니다. 동전의 앞뒷면에 따라 0.5달러가 더해지고 빠지므로 주가가 전일 마감 가격보다 높거나 낮을 확률은 반반인 셈입니다. 말킬 교수는 이와 같은 움직임을 차트로 만들어 주식 전문가에게 보여주었습니다. 이를 본 주식 전문가는 주식을 사야 한다고 조언했습니다. 주식 전문가가 동전으로 만들어낸 주가의 움직임에 추세가 있다고 말하는 것을 보면서 말킬 교수는 주가 예측은 불가능하다는 결론을 내렸습니다. 그러고는 이를 랜덤워크 이론이라고 불렀습니다. 만취한 사람의 걸음걸이 보폭과 방향이 우연으로 결정되듯이 주가도 예측이 불가능하다는 것입니다.

주가의 움직임은 술 취한 사람의 걸음걸이처럼 그 누구도 예측할 수 없습니다. 투자를 하면서 만나는 수많은 전문가들의 이야기를 무조건적으로 신봉하지 마세요. 그들도 결코 주가를 예측할 수 없습니다. 결국 책임은 본인이 져야 한다는 것을 꼭 기억하시길 바랍니다.

오늘의 주식 공부 SUMMARY
주식 관련 가설 & 이론

1. 효율적 시장가설: 시장을 둘러싼 모든 정보가 지체 없이 금융자산 가격에 반영되는 효율적 시장에서는 시장 평균 이상의 수익을 얻는 것이 불가능하다는 가설
2. 랜덤워크 이론: 주가는 동전 던지기처럼 무작위로 움직이기 때문에 추세나 반전 신호를 찾으려는 노력은 모두 허사라는 이론

공모주
공모주 투자

오늘의 주식 공부 POINT
● 공모주가 무엇인지에 대해 알아보자.
● 공모주 투자를 할 때 무엇을 보아야 하는지를 알아보자.

　　SK바이오팜, 빅히트엔터테인먼트 등의 공모주 청약에 수십조 원이 몰렸다는 기사를 본 적이 있을 것입니다. 공모주가 도대체 무엇이고, 사람들은 왜 이렇게 열광하는 것일까요?

공모주는 어떤 주식일까?

　　기업은 어느 정도 성장하면 더 큰 성장을 위해 대규모 자금이 필요합니다. 그러면 기업공개를 해서 불특정 다수의 사람들이 그 기업의 주식을 거래할 수 있는 상장기업이 됩니다. 이때 투자자에게 배정하는 주식을 '공개모집주식'이라고 하는데 이를 줄여서 '공모주'라고 합니다. 공모주는 기업의 주식을 처음으로 시장에 상장하는 과정이라고 생각하면 됩니다.

　　최근 공모주에 관심을 갖는 투자자들이 늘어나고 있습니다.

투자수익률이 단기간에 수십 퍼센트가 되기 때문입니다. 빅히트엔터테인먼트, SK바이오팜, SK바이오사이언스 등의 공모주들이 모두 상장 첫날 따상(공모가의 2배 + 30%)을 달성했습니다. 그러다 보니 우량기업 공모주에는 수십조 원의 자금이 몰리고 있습니다.

공모주 투자 방법

상장 주관사 확인하기

공모주에 투자하기로 했다면, 가장 먼저 상장 주관사를 확인해야 합니다. 상장 주관사를 통해 공모주 청약을 할 수 있기 때문입니다. 이때 상장 주관사의 증권계좌가 없다면 개설해야 하는데, 일부 증권사의 경우 청약일 이전에 계좌가 개설되어 있어야 청약이 가능합니다. 또한 요즘에는 비대면으로 계좌 개설을 많이 하는데 증권사 중에는 영업일 기준 20일 이내에 증권계좌를 연속적으로 개설하지 못하게 해놓은 곳도 있습니다. 증권사별로 방침이 다르고 수시로 변하니 미리미리 확인하는 것이 좋습니다.

청약을 원하는 주식 수만큼 입금하기

계좌를 개설했다면 청약일에 청약증거금을 입금해야 합니다. 이때 청약증거금은 '내가 원하는 주식 수 × 공모가의 50%'에 해당하는 금액을 입금하면 됩니다.

공모주 받기

공모주는 내가 신청한 만큼 주식을 모두 받기 어렵습니다. 물론 최근에는 균등배정 방식을 도입해 최소 청약증거금 이상만 납입하면 최소 주식을 받을 수 있지만, 원칙적으로 경쟁률을 반영해서 주식을 배정하기 때문에 투자금이 많을수록 공모주를 많이 받는 데 유리합니다. 예를 들어 청약 경쟁률이 100 : 1이면 내가 신청한 수량의 1%만큼 받을 수 있습니다. 그래서 좋은 기업의 공모주는 최대한 많은 자금으로 청약하는 것이 유리합니다.

공모주 투자 시 주의 사항

공모주라고 해서 상장 첫날 모두 오르는 것은 아닙니다. 공모가보다 낮은 주가를 기록하는 종목도 많습니다. 다만 기업이 경쟁력 있고 시장 상황이 좋다면 상장 첫날 주가가 많이 올라갑니다. 우리는 경쟁력 있는 공모주에 청약하는 것이 목표이므로 이제부터 공모주 투자 시 꼭 확인해야 할 것들을 살펴보겠습니다.

투자설명서 확인

공모주에 청약하기 전에 반드시 투자설명서를 읽어봐야 합니다. 금융감독원 전자공시시스템(dart.fss.or.kr)에서 공모하고자 하는 기업의 이름을 검색하면 투자설명서를 볼 수 있습니다. 투자설명서에는 이 기업이 어떤 비즈니스를 하며, 재무 상황은 어떤

지, 이 기업이 속한 산업의 전망은 어떤지 등이 상세하게 적혀
있습니다. 꼼꼼하게 읽어보고 청약 여부를 결정하면 됩니다. 또
한 공모 가격과 공모하는 총주식 수를 반드시 확인해야 합니다.
사전에 가격을 확인해야 내가 얼마만큼의 돈을 투자할지 결정할
수 있습니다.

투자 위험 요소

이 기업에 투자했을 때 어려울 수 있는 상황들이 자세히 적혀
있습니다. 어떤 부분들이 부정적인 상황이고, 투자를 고려할 때
어떤 부분들을 염두에 두어야 하는지 읽어보면 이 기업에 투자

했을 때 우려되는 위험 요인들을 알 수 있습니다.

자금 사용 목적

이번 공모를 통해 조달한 자금을 어떻게 사용할 계획인지 적혀 있습니다. 앞으로 이 기업이 어떤 일들을 하겠다는 계획입니다.

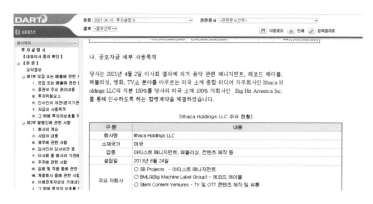

공모주 투자 시 이 3가지를 꼭 확인하면 어떤 기업이 투자할 만한지 어느 정도 판단할 수 있습니다. 무작정 묻지마 공모주 투자를 하기보다는 철저하게 알아보고 투자를 해야 손실 위험을 줄일 수 있습니다.

오늘의 주식 공부 SUMMARY
공모주 투자하는 법

상장 주관사 확인 → 청약을 원하는 주식 수만큼 돈 입금 → 공모주 받음

3장

어떤 종목이
좋은 거예요?

사업의 내용

이 기업은 무슨 사업을
하고 있나요?

오늘의 주식 공부 POINT
- 기업이 어떻게 돈을 버는지는 어떻게 알 수 있을까?
- DART를 활용해 기업 정보를 보는 법을 배워보자.

카카오는 도대체 무엇으로 돈을 벌까?

주식투자를 하면서도 내가 투자하는 기업이 어떻게 돈을 벌고 있는지를 모르거나 잘못 알고 있는 경우가 많습니다. 예를 들어 우리에게 굉장히 익숙한 카카오는 무엇으로 돈을 버는 기업일까요? 일단 카카오톡이라는 메신저가 있는 것은 알겠는데 메시지를 주고받을 때 요금이 부과되지는 않습니다. 그러면 카카오톡을 통해 돈을 버는 것은 아닐 것이고, '기프티콘을 팔아서 돈을 버는 기업인가?'라는 생각이 들 것입니다. 기프티콘을 팔아서 돈을 버는 회사라면 대체 얼마나 벌고 있으며, 기프티콘 매출의 비중이 얼마나 될까요? 카카오라는 기업에 관심 있는 투자자 중에 이 질문에 명쾌하게 답할 수 있는 사람은 몇 안 될 것입니다. 대부분의 사람들이 그 기업에 대해 잘 알지 못한 채 주식을 삽니다.

카카오가 돈을 어떻게 얼마나 버는지 아는 방법

그렇다면 내가 관심 있는 기업이 무엇으로 돈을 벌고 있는지 어떻게 알 수 있을까요? 앞서 예를 들어본 카카오라는 기업을 가지고 한번 알아보겠습니다.

STEP 1. 금융감독원 전자공시시스템(dart.fss.or.kr)에 접속

네이버에서 '전자공시시스템'이라고 검색하거나 주소창에 dart.fss.or.kr라고 치면 사이트에 접속할 수 있습니다.

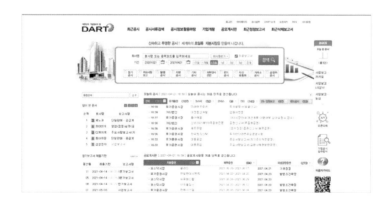

STEP 2. '회사명' 검색창에 투자 회사명 또는 종목 코드 입력

일반적으로 내가 투자하려는 기업의 종목명을 입력하면 되지만, 전자공시시스템에는 다른 이름으로 등록되어 있는 경우도 있습니다. 따라서 종목명보다 종목 코드를 검색하면 더 정확합니다.

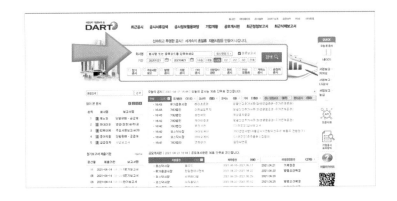

STEP 3. 사업보고서, 반기보고서, 분기보고서 체크 후 검색

카카오의 종목 코드인 035720을 회사명 검색창에 입력했습
니다. 종목 코드는 네이버에서 종목명을 치면 그 옆에 표시되어
있거나 사용하는 증권사 프로그램 HTS나 MTS에서 종목명 옆에
기재되어 있습니다. 정기공시에서 사업보고서, 반기보고서, 분
기보고서를 선택하지 않고 검색을 눌러도 보고서는 나오지만 기
업에서 공시하는 많은 정보들이 함께 나오기 때문에 내가 원하
는 보고서를 찾기 어려울 수도 있으니 반드시 체크를 하고 검색

하는 것이 좋습니다.

STEP 4. 검색 결과로 나온 보고서 클릭

사업보고서는 1년에 1회 매년 말을 기준으로 다음 해 3월에 발행되고, 반기보고서는 6월 말을 기준으로 8월에 발행됩니다. 반기보고서는 3월과 9월 말을 기준으로 5월과 11월에 발행됩니다. 따라서 이들 보고서 중에 가장 최근에 올라온 것을 보면 됩니다.

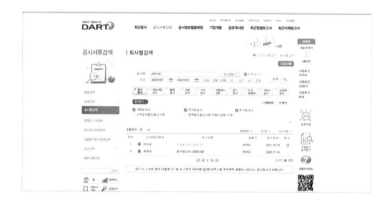

STEP 5. 보고서 내용 중 'II. 사업의 내용' 클릭

왼쪽에 위치한 문서 목차 메뉴를 보면 I. 회사의 개요, II. 사업의 내용, III. 재무에 관한 사항, IV. 이사의 경영진단 및 분석의견, V. 감사인의 감사의견 등 그 기업에 대한 다양한 정보가 담겨있습니다. 우리가 관심 있는 기업이 어떤 사업을 통해 돈을 버는지 알고 싶다면 'II. 사업의 내용'을 클릭합니다.

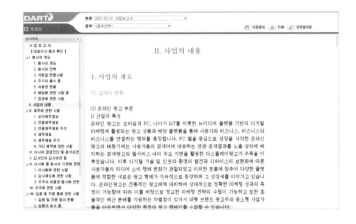

전자공시로 본 카카오가 돈을 버는 10가지 방법

사업의 내용을 차근차근 읽어보면 카카오가 현재 어떤 상황에서 비즈니스를 하고 있으며, 어떤 방법으로 돈을 버는지 자세히 나와 있습니다. 전자공시에 따르면 카카오가 현재 돈을 버는 방법은 10가지입니다.

카카오의 사업

(1) 톡비즈 (2) 포털비즈 (3) 모빌리티 (4) 카카오페이 (5) 게임 (6) 뮤직 (7) 유료 콘텐츠 (8) IP 비즈니스 (9) 신규 사업 (10) 카카오페이 증권

10가지 카카오의 사업들은 크게 2가지로 구분해서 볼 수 있는데 플랫폼과 콘텐츠 부문입니다. 플랫폼 부문은 크게 톡비즈, 포털비즈, 신규 사업 등이 속하며, 콘텐츠 부문은 크게 뮤직, 게임, 유료 콘텐츠, IP 비즈니스, 기타 등이 있습니다. 이들에서 나오는 매출 비중은 제26기 보고서를 기준으로 플랫폼 부문이

53.5%, 콘텐츠 부문이 46.5%를 차지하고 있습니다.

내가 투자하려는 기업이 무엇으로 돈을 버는지 알고 투자하자

이처럼 전자공시시스템에 들어가면 투자하려는 기업의 정보를 상세히 알 수 있습니다. 하지만 이런 정보를 알아보지도 않거나 잘못 알고 투자하는 사람들이 너무 많습니다. 이제부터라도 그렇게 투자해서는 안 됩니다. 주식투자를 하는 것은 동업을 하는 것과 같습니다. 동업자가 무엇으로 돈을 벌고 있고 어떤 사업계획이 있는지도 모르고 선뜻 돈을 내어줄 사람은 없습니다. 주식투자도 그렇게 해야 합니다. 내가 투자하려는 기업이 어떤 상황에서, 어떻게 비즈니스를 하고, 어떤 계획을 가지고 있는지 보고서에 모두 적혀 있습니다. 이제부터는 전자공시시스템에 들어가서 기업에 대한 정보를 충분히 숙지하고 투자하세요. 그래야 소중한 나의 투자금을 지키고 불릴 수 있습니다.

오늘의 주식 공부 SUMMARY
금융감독원 전자공시시스템 이용하는 법

1. 금융감독원 전자공시시스템(dart.fss.or.kr)에 접속한다.
2. 원하는 기업을 검색한다.
3. 사업보고서를 살펴본다.

좋은 주식의
4가지 조건

오늘의 주식 공부 POINT
- 좋은 주식을 찾아내기 위해 어떤 조건들을 살펴봐야 하는지 알아보자.
- 각종 재무비율 용어의 개념을 익혀보자.

　　기업의 자산, 부채, 자본 수치만을 보고 경영 상태가 어떤지 판단하기는 매우 어렵습니다. 하지만 이를 알아보기 쉽게 만든 지표가 있습니다. 바로 재무비율입니다. 재무비율은 재무제표를 구성하고 있는 여러 항목들 간의 상대적 비율을 나타낸 것입니다. 재무비율을 보면 해당 기업의 재무 상태뿐만 아니라 기업 간에도 비교할 수 있으므로 어떤 기업이 투자하기 좋은지 판단할 수 있습니다.

안전성 비율
　　우리가 투자를 할 때 가장 두려워하는 상황이 무엇일까요? 바로 기업이 부도가 나는 것 아닐까요? 기업이 경영활동을 제대로 하지 못해 자꾸 빚을 지다가 파산하면 투자금을 모두 잃게 됩니다. 그래서 우리는 부도가 날 기업인지 아닌지 꼭 살펴보아야 합니다. 이를 알 수 있는 수치가 바로 안전성 비율입니다. 안전성 비율을 잘 확인한다면 망하는 기업에 투자하는 위험은 피할 수 있습니다. 안전성 비율에는 유동비율, 부채비율, 자기자본비율, 이자보상배율이 있습니다.

유동비율

유동자산 / 유동부채 × 100(%) = 유동비율

1년 이내에 갚아야 하는 부채가 자기자본 대비 얼마나 있는지 보여주는 지표입니다. 일반적으로 100% 이상을 안전하다고 봅니다.

부채비율

타인자본 / 자기자본 × 100(%) = 부채비율

부채가 얼마나 많은지를 보여주는 지표입니다. 부채비율이 낮을수록 안정성이 높은 기업입니다. 특히 부채비율이 100% 이상이라면 자기자본보다 부채가 더 많다는 뜻이므로 이런 기업은 위기 시에 어려움을 겪을 수 있습니다.

고정비율

비유동자산 / 자기자본 × 100(%) = 고정비율

단기간에 현금화가 어려운 자산이 얼마나 있는지 보여주는 지표입니다. 비유동자산은 현금화가 어렵기 때문에 자기자본으로 조달해야 타당합니다. 비유동자산이 자기자본을 넘어선다는 것은 타인자본을 이용했다는 의미입니다. 타인자본이 많으면 이자와 부채에 대한 부담이 높아집니다.

이자보상배율

영업이익 / 이자비용 × 100(%) = 이자보상배율

영업이익으로 이자를 감당할 수 있는지를 보여주는 지표입니다. 이자보상배율은 높을수록 좋고 최소한 1배 이상이 되어야 영업이익으로 이자를 내고 있는 것입니다. 1배가 안 될 경우 영업이익으로 대출이자를 감당하지 못한다는 의미이니 투자 시 주의해야 합니다.

수익성 비율

좋은 기업이란 결국 돈을 잘 버는 기업입니다. 기업이 가지고 있는 자산으로 얼마의 수익을 올리고 있는지를 보여주는 지표가 수익성 비율입니다. 이 지표가 좋을수록 돈을 잘 버는 기업일 가능성이 높습니다.

총자산이익률(ROA)

당기순이익 / 자산 × 100(%) = 총자산이익률

기업이 가진 자산에 비해 순이익이 얼마나 나오는지를 보여주는 지표입니다. 총자산이익률이 높은 기업은 자산에 비해 이익이 많다는 것을 의미합니다.

자기자본이익률(ROE)

당기순이익 / 자기자본 × 100(%) = 자기자본이익률

자본에는 자기자본과 타인자본이 있는데, 타인자본을 뺀 자기자본을 가지고 얼마나 이익을 냈는지를 보여주는 지표입니다. 자기자본이익률이 높을수록 자기자본을 효율적으로 썼다는 것을 의미하므로 주주 입장에서 중요하게 보는 지표입니다.

수익성 비율	기업이 얼마나 돈을 잘 버는지를 보여주는 지표
	총자산이익률, 자기자본이익률, 매출액순이익률, 영업이익률

매출액순이익률

> 당기순이익 / 매출액 × 100(%) = 매출액순이익률

　기업의 매출액에서 순이익이 얼마나 되는지를 보여주는 지표입니다. 이는 기업이 얼마나 경영활동을 잘했는지를 나타냅니다. 일반적으로 매출액순이익률이 10% 넘으면 수익성이 좋은 기업이라고 할 수 있습니다.

영업이익률

> 영업이익 / 매출액 × 100(%) = 영업이익률

　기업의 매출액에서 영업이익이 얼마나 되는지를 보여주는 지표입니다. 기업이 벌어들이는 당기순이익에는 영업과 관련 없는 비용들이 영향을 미칠 수 있습니다. 예를 들어 반도체를 만드는 기업이 땅을 팔아 이익을 낸 경우에는 정상적인 이익으로 볼 수 없습니다. 이런 것들을 제외하고 순수하게 영업이익만을 보여주는 지표입니다.

성장성 비율

미래에 주가가 많이 오르는 기업은 결국 매출액과 영업이익이 증가하는 기업입니다. 성장성 비율은 기업의 매출액이나 자산, 이익 등이 어떻게 변화하는지를 보여주는 지표입니다. 이 비율이 잘 나올수록 성장성이 높은 기업입니다.

매출액증가율

> (당기매출액 − 전기매출액) / 전기매출액 × 100(%)

전기 대비 매출액이 얼마나 증가했는지를 보여주는 지표로, 기업이 속한 산업의 평균과 비교해서 높고 낮음을 판단하면 됩니다.

영업이익증가율

> (당기영업이익 − 전기영업이익) / 전기영업이익 × 100(%)

전기 대비 영업이익이 얼마나 증가했는지를 보여주는 지표입니다. 영업이익률이 지속적으로 증가할수록 유망한 기업입니다.

순이익증가율

> (당기순이익 − 전기순이익)/ 전기순이익 × 100(%)

전기 대비 순이익이 얼마나 증가했는지를 보여주는 지표입니

성장성 비율	기업의 규모 및 수익 창출이 얼마나 증가했는지를 보여주는 지표
	매출액증가율, 영업이익증가율, 순이익증가율, 총자산증가율

다. 당기순이익에는 영업으로 벌어들인 이익 외에 비영업적인 이익도 포함됩니다.

총자산증가율

(당기말총자산 − 전기말총자산) / 전기말총자산 × 100(%)

당기에 기업의 자산 규모가 얼마나 성장했는지를 보여주는 지표입니다. 일반적으로 클수록 좋습니다. 하지만 총자산의 증가가 부채로 인한 것인지 자본으로 인한 것인지 따져볼 필요는 있습니다.

활동성 비율

기업의 자산 이용 효율성을 보여주는 지표입니다. 활동성 지표에는 회전율이라는 단어가 많이 나오는데 회전율이 높을수록 기업의 경영이 효율적으로 이뤄지고 있다는 뜻입니다.

총자산회전율

매출액 / 총자산 = 총자산회전율

기업의 매출 활동에 보유하고 있는 자산을 얼마나 활용했는지를 보여주는 지표입니다. 비율이 높을수록 효율적으로 자산을 활용한 것입니다.

자기자본회전율

매출액 / 자기자본 = 자기자본회전율

자기자본을 얼마나 효율적으로 활용했는지를 보여주는 지표입니다. 이 비율이 낮게 나올 경우 자기자본이 과대하거나 매출액이 낮다는 것을 의미합니다. 자기자본을 효율적으로 사용하지 못하고 있다는 뜻입니다.

매출채권회전율

매출액 / 매출채권 = 매출채권회전율

기업이 외상으로 판매한 금액을 얼마나 빠르게 현금으로 회수하고 있는지를 나타내는 지표입니다. 매출채권회전율이 높다는 것은 기업이 외상금액을 빠르게 회수하고 있다는 것을 의미합니다. 따라서 매출채권을 효율적으로 잘 관리하고 있는 것입

활동성 비율	기업이 얼마나 경영을 잘하고 있는지를 보여주는 지표
	총자산회전율, 자기자본회전율, 매출채권회전율, 재고자산회전율

니다. 반대로 매출채권회전율이 낮다는 것은 외상금을 잘 받지
못하고 있는 것을 의미합니다. 심할 경우 매출이 높은데도 도산
을 하는 흑자도산의 위험성이 있습니다.

재고자산회전율

매출액 / 재고자산 = 재고자산회전율

재고자산이 얼마나 빠르게 팔리고 있는지를 보여주는 지표입
니다. 이 비율이 높다는 것은 생산한 제품이 재고로 쌓여 있는
기간이 짧다는 것을 의미합니다. 따라서 생산량을 늘려서 더 많
은 제품을 확보할 필요가 있다는 신호이기도 합니다. 반대로 이
비율이 낮으면 재고량이 지나치게 많다는 의미로 재고 관리에
신경 써야 합니다.

오늘의 주식 공부 SUMMARY
좋은 주식을 찾기 위해 꼭 봐야 할 지표 4가지

1. 안정성 비율
3. 성장성 비율

2. 수익성 비율
4. 활동성 비율

경쟁력 있는 기업은
어떤 기업인가요?

오늘의 주식 공부 POINT

● 마이클 포터의 5 Force Model을 통해 좋은 산업에 속한 기업을 알아보자.

주식투자에서 많은 수익을 내려면 어떻게 해야 할까요? 많은 방법들이 있겠지만 결국에는 다른 기업보다 경쟁력 있는 기업을 찾아서 투자하는 것입니다. 하지만 막상 어떤 기업이 경쟁력 있는 기업인지 판단하기가 어렵습니다. 하버드대학교의 마이클 포터 교수는 다른 기업보다 더 많은 경제적 가치를 창출하는 기업이 경쟁우위에 있다고 표현하면서 5 Force Model과 3가지 본원적인 전략을 이야기했습니다. 그의 경쟁우위 전략을 살펴보면 우리가 어떤 기업에 투자해야 하는지 조금은 힌트를 얻을 수 있습니다.

5 FORCE MODEL

마이클 포터 교수는 산업의 경쟁 강도는 5가지 요인에 의해 결정된다고 보았습니다. 이 5가지 요인에 따라 기업이 얼마나 치열하게 경쟁해야 하는지 알 수 있습니다. 이 5가지 요인을 가지고 내가 투자하려는 기업이 속한 산업이 어떠한지를 파악한다면 그 기업이 더 성장할 수 있을지, 경쟁력을 유지할 수 있을지 아니면 경쟁력이 줄어들지 판단할 수 있습니다.

첫 번째 요인: 신규 진입 기업의 위협

어떤 산업은 누구나 손쉽게 경쟁 기업들이 진출할 수 있는 반면 아무 기업이나 진출할 수 없는 특정 산업이 있습니다. 예를 들어 카페를 하려는 기업이 있다고 해봅시다. 이 기업이 카페 업계에 진출하는 데 필요한 것은 거의 없습니다. 자본금만 있으면 '누구나' 카페업에 뛰어들 수 있습니다. 반면 은행은 정부의 허가가 필요하기 때문에 아무나 할 수 있는 사업이 아닙니다. 돈이 아무리 많아도 할 수 없는 사업입니다. 이처럼 신규 진입이 용이한 산업과 용이하지 않은 산업이 있습니다. 내가 투자하려는 기업이 신규 진입이 용이하지 않은 산업에 속한다면 잠재적 경쟁 기업의 출현이 그만큼 적다는 의미입니다. 이는 곧 치열한 가격 경쟁에서 어느 정도 보호받을 수 있다는 뜻입니다. 반면 누구나 진출할 수 있는 산업이라면 최소한의 이윤을 확보하기도 쉽지 않을 것입니다.

두 번째 요인: 대체재의 위협

같은 상품이나 서비스가 아니더라도 대체할 수 있는 무언가가 있느냐 없느냐도 기업 간 경쟁에서 매우 중요합니다. 예를 들어 콜라를 만드는 기업이 특별한 레시피로 콜라를 만들어 가격을 좀 높여도 괜찮다고 생각할 수 있습니다. 특별한 콜라라면 어느 정도 비싼 가격에 팔 수도 있을 것입니다. 하지만 소비자가 부담을 느낄 만한 가격이라면 사람들은 사이다, 주스 같은 다른 음료들을 찾을 것입니다. 이처럼 내가 투자하려는 기업의 상품이나 서비스에 대체재가 있는지 생각해보아야 합니다. 대체 가능한 제품이라면 높은 이익을 얻기가 쉽지 않습니다.

세 번째 요인: 구매자의 협상력

구매자의 수가 적고 많은 양을 구입하는 경우, 공급자를 바꾸는 교체 비용이 낮은 경우, 구매하는 제품의 질이 대체품과 큰 차이가 없는 경우에는 구매자가 높은 협상력을 가질 수 있습니다. 우리가 편의점에 가서 물건을 산다고 해봅시다. 어떤 편의점을 갈까요? 그냥 집에서 가까운 편의점에서 물건을 구입할 것입니다. 그러다 보니 편의점은 경쟁업체보다 10원이라도 더 싸게 팔려고 노력합니다. 수십 개의 품목들을 가지고 1+1 행사나 2+1 행사를 하는 이유도 여기에 있습니다. 물건을 구매하는 사람에게 많은 선택지를 주는 것입니다.

네 번째 요인: 공급자의 협상력

공급하는 제품이나 서비스의 대체품이 없을 경우, 제품 차별
화를 했을 경우, 공급자를 바꾸는 교체 비용이 높은 경우에는 공
급자가 협상력을 가질 수 있습니다. 과거 삼성전자의 이재용 부
회장이 급하게 네덜란드행 비행기에 몸을 실은 적이 있습니다.
반도체 생산 시설을 만드는 ASML이라는 기업을 방문하기 위해
서였는데, 여기서 만드는 반도체 제조 장비가 없으면 반도체 생
산을 할 수 없기 때문이었습니다. 대만의 TSMC와 반도체 경쟁
을 해야 하는 삼성전자는 ASML의 장비를 어떻게든 1대라도 더
많이 확보해야 합니다. 1년에 생산할 수 있는 장비의 수가 한정
적인 상황에서 ASML의 장비 확보는 더 이상 돈의 문제가 아니
었습니다. ASML처럼 공급자가 높은 협상력을 가진 기업이라면
높은 가격과 좋은 조건으로 제품을 판매할 수 있습니다.

다섯 번째 요인: 기존 기업 간의 경쟁

산업 내에서 기존 기업 간의 경쟁도 중요합니다. 기존 기업
간의 경쟁 강도가 센 데는 보통 5가지 요인이 있습니다. 첫째, 산
업의 성장률이 정체된 경우입니다. 산업의 성장이 정체되면 시
장점유율을 조금 더 높이려는 경쟁이 치열해집니다. 둘째, 다수
의 업체들이 경쟁하는 경우입니다. 독과점 구조를 형성하지 못
할 경우 기업은 조금이라도 우위에 서려고 치열한 경쟁을 합니
다. 셋째, 높은 고정비가 들어가는 산업입니다. 공장의 가동을

멈추기 힘든 산업은 손해를 보더라도 생산을 계속할 수밖에 없습니다. 대규모 시설이 필요한 산업은 공장 설비를 멈출 경우 더 큰 비용이 들어가기 때문입니다. 넷째, 차별화가 어려운 산업입니다. 여기에 속한 기업은 가격이 중요한 선택의 기준으로 작용하기 때문에 경쟁이 치열할 수밖에 없습니다. 다섯째, 철수가 어려운 산업입니다. 이 경우 경쟁력이 없는 기업조차 계속 버티고 있기 때문에 수익률이 낮게 형성됩니다.

마이클 포터 교수는 이 5가지 요인이 산업의 경쟁 강도를 결정짓는다고 하면서, 이런 상황에서 기업이 생존하기 위해서는 3가지 본원적인 경쟁력을 갖춰야 한다고 말합니다.

3가지 본원적인 경쟁력

1. 차별화 전략

경쟁자와는 다른 독특한 가치와 차별성을 무기로 경쟁우위를 달성하는 것입니다. 여기서 차별화의 궁극적 목표는 넘버원이 되는 것이 아니라 온리원(only one)이 되는 것입니다. 온리원이 된다는 것은 이 기업의 제품이 아니면 안 된다는 것을 의미하고, 이는 곧 대체재나 경쟁자가 없다는 뜻입니다. 애플, 나이키, 코카콜라와 같이 해당 브랜드만을 선호하는 마니아가 많은 기업이 대표적인 사례입니다. 이들은 경쟁업체와의 차별화에 성공한 것입니다.

2. 비용 우위 전략

경쟁자보다 낮은 비용 구조를 통해 가격 경쟁력을 바탕으로 경쟁우위를 달성하는 것입니다. 비용 우위 전략이 단순한 저가 전략과 다른 점은 저비용 구조에 기인한다는 것입니다. 수익 구조와 상관없이 낮은 가격을 구사하는 저가 전략과는 완전히 다릅니다. 비용 우위 전략의 핵심은 경쟁자가 모방할 수 없는 저비용 구조입니다. 월마트나 이케아가 여기에 속합니다. 규모의 경제, 생산 및 물류 시스템 등을 무기로 고품질의 제품을 저렴한 가격에 제공하는 것이 중요합니다.

3. 집중화 전략

특정 고객이나 제품 등 세분화된 시장에 집중하여 경쟁우위를 달성하는 것입니다. 차별화 전략과 비용 우위 전략이 시장 전체를 대상으로 한다면 집중화 전략은 애초부터 특정 부문의 시장을 목표로 합니다. 로지텍이 대표적인 예입니다. 마우스와 키보드는 가격대가 낮고 수익성도 낮아 매력적인 시장이 아닙니다. 하지만 로지텍은 컴퓨터 주변기기 시장을 집중적으로 공략하여 세계적인 기업이 되었습니다.

마이클 포터 교수가 제시한 5 Force Model과 3가지 본원적

인 경쟁력을 기준으로 경쟁우위를 가진 기업을 찾는 데 도움이
될 것입니다. 예를 들어 안정적으로 돈을 버는 기업에 투자하고
싶다면, 5 Force Model의 기준에서 신규 기업의 진출이 용이한
지를 검토하는 것입니다. 신규 기업의 진출이 용이하지 않은 산
업 내에서 경쟁력 있는 기업을 찾아내 투자한다면 안정적인 수
익을 낼 수 있을 것입니다.

오늘의 주식 공부 SUMMARY
마이클 포터의 5 Force Model

1. 신규 진입 기업의 위협
2. 대체재의 위협
3. 구매자의 협상력
4. 공급자의 협상력
5. 기존 기업 간의 경쟁

재무제표

이 기업은 빚이 얼마나 있고, 자산은 얼마나 있나요?

오늘의 주식 공부 POINT

- 재무제표 중에서 재무상태표란 무엇인지 알아보자.
- 재무상태표를 보기 위해 꼭 알아야 할 단어들을 공부해보자.

기업의 경영 현황을 한눈에 볼 수 있는 지표

재무제표는 기업의 자산, 부채, 자본, 이익, 손실 등을 나타낸 것입니다. 그중에서 대차대조표, 손익계산서, 현금흐름표를 보면 기업의 재무 상황은 물론 경영 상황까지 한눈에 알 수 있습니다. 재무제표는 '사업의 내용'을 볼 때 이용한 '금융감독원 전자공시시스템'에서 누구나 무료로 볼 수 있습니다.

금융감독원 전자공시시스템에서 분기보고서, 반기보고서, 사업보고서를 열람하고 'III. 재무에 관한 사항'을 클릭하면 해당 기업의 재무제표가 나옵니다.

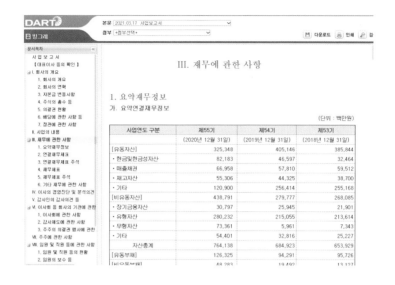

III. 재무에 관한 사항

1. 요약재무정보
가. 요약연결재무정보

(단위 : 백만원)

사업연도 구분	제55기	제54기	제53기
	(2020년 12월 31일)	(2019년 12월 31일)	(2018년 12월 31일)
[유동자산]	325,348	405,146	385,844
・현금및현금성자산	82,183	46,597	32,464
・매출채권	66,958	57,810	59,512
・재고자산	55,306	44,325	38,700
・기타	120,900	256,414	255,168
[비유동자산]	438,791	279,777	268,085
・장기금융자산	30,797	25,945	21,901
・유형자산	280,232	215,055	213,614
・무형자산	73,361	5,961	7,343
・기타	54,401	32,816	25,227
자산총계	764,138	684,923	653,929
[유동부채]	126,325	94,291	95,726
[비유동부채]	48,283	19,492	13,127

재무상태표 보는 법

재무제표에서 가장 먼저 살펴봐야 할 것이 재무상태표입니다. 기업의 재무 상태, 즉 자산, 부채, 자본의 상태를 나타내는데, 이 기업이 어떤 재산을 얼마나 갖고 있는지, 빚은 얼마나 있고 언제 갚아야 하는지 등을 알 수 있습니다.

지금부터 재무상태표를 구체적으로 하나하나 뜯어보겠습니다.

자산

자산은 미래에 수익을 창출할 수 있는 능력을 가진 것이라고 정의할 수 있습니다. 공장 부지라든가 제품을 생산하는 기계라든가, 당장 무언가를 살 수 있는 현금도 자산이 됩니다. 이런 자

자산	유동자산(1년 이내 현금화 가능)
	비유동자산(1년 이후 현금화 가능)

산은 크게 유동자산과 비유동자산으로 구분합니다. 그 기준은 현금화할 수 있는 기간이 얼마나 되느냐인데 보통 1년 이내이면 유동자산, 1년 이상이면 비유동자산으로 분류합니다.

1년 이내에 현금화가 가능한 유동자산은 다시 당좌자산과 재고자산으로 분류됩니다. 당좌자산은 현금 및 현금성 자산, 단기 금융상품, 단기매매금융자산, 매출채권, 선급금, 단기대여금, 미수금, 미수수익, 선급비용 등 현금이거나 시간이 지나면 현금이 되는 자산입니다. 재고자산은 상품, 제품, 반제품, 재공품, 원재료, 저장품 등 판매를 통해 현금화가 가능한 자산을 뜻합니다.

1년 이내에 현금화할 수 없는 비유동자산은 투자자산, 유형자산, 무형자산, 기타 비유동자산으로 구분합니다. 투자자산은 기

9. 관계기업및공동기업투자

당기말 및 전기말 현재 관계기업및공동기업투자의 내역은 다음과 같습니다.

(단위: 백만원)

회사명	소재지	업 종	당기말			전기말
			소유 지분율(%)	취득원가	장부금액	장부금액
관계기업투자:						
㈜쏘카(주1,2)	대한민국	자동차렌트업	22.21	109,304	109,304	91,800
㈜에스엠코어	대한민국	자동화물류 시스템 제조 및 판매	26.60	39,419	39,419	39,419
㈜케이솔라이호(주1,3)	대한민국	태양광 발전 운영	49.00	20,588	20,588	-
㈜스탠다임(주1,4)	대한민국	소프트웨어개발업	12.94	9,402	9,402	9,402
㈜클루커스(주1,4)	대한민국	정보통신서비스	16.75	6,500	6,500	6,500

SK 관계기업 및 공동기업 투자 내역 일부

12. 투자부동산

(1) 당기말 및 전기말 현재 투자부동산 장부금액의 구성내역은 다음과 같습니다.

(단위: 백만원)

구 분	당기말			전기말		
	취득원가	감가상각누계액	장부금액	취득원가	감가상각누계액	장부금액
건물	10,183	(2,338)	7,845	9,810	(1,883)	7,927

SK 투자부동산

업이 투자 이익을 얻을 목적으로 장기간에 걸쳐 보유하고 있는 자산을 말합니다. 일부 기업들의 재무제표를 보면 다른 기업의 지분을 가지고 있거나 부동산 등에 투자한 것을 확인할 수 있습니다.

유형자산은 재화의 생산이나 용역 제공, 타인에 대한 임대 및 자체적 사용을 목적으로 보유하는 물리적 형태가 있는 자산을 말합니다. 토지, 건물, 기계장치, 차량, 선박 등이 여기에 속합니다.

무형자산은 형태가 없는 자산으로 미래에 이익을 기대할 수 있는 것을 말합니다. 산업재산권, 라이선스와 프랜차이즈, 저작권, 영업권, 컴퓨터 소프트웨어, 개발비, 임차권리금, 광업권, 어업권 등이 대표적인 무형자산입니다.

기타 비유동자산은 투자자산, 유형자산, 무형자산에 속하지 않는 자산을 말합니다. 이연법인세자산, 보증금, 임차보증금, 장기성매출채권 등이 여기에 속합니다.

항목	구분	계정과목 분류
유동자산	당좌자산	현금 및 현금성 자산, 단기금융상품, 단기매매금융자산, 매출채권, 선급금, 단기대여금, 미수금, 미수수익, 선급비용
	재고자산	상품, 제품, 반제품, 재공품, 원재료, 저장품
비유동자산	투자자산	장기금융상품, 매도가능금융자산, 만기보유금융자산, 투자부동산
	유형자산	토지, 설비자산, 선박, 차량운반구, 건설 중인 자산, 비품
	무형자산	산업재산권, 라이선스와 프랜차이즈, 저작권, 영업권, 컴퓨터 소프트웨어, 개발비, 임차권리금, 광업권, 어업권
	기타 비유동자산	이연법인세자산, 보증금, 임차보증금, 장기성매출채권

부채

부채는 기업의 과거 거래 및 사건의 결과로 미래에 자산을 이전하거나 용역을 제공해야 하는 것을 말합니다. 예를 들어 은행의 경우 고객들이 맡긴 예금은 고객들에게 돌려줘야 하므로 은행 입장에서는 부채입니다.

부채도 자산과 마찬가지로 유동부채와 비유동부채로 나뉩니다. 유동부채는 1년 이내에 상환해야 하는 채무를 말하고 비유동부채는 1년 이상 만기가 남아 있는 채무를 뜻합니다.

부채	유동부채
	비유동부채

만기가 1년 이내인 유동부채에는 매입채무, 단기차입금, 미지급금, 선수금, 예수금, 가수금, 선수수익, 미지급비용, 미지급법인세, 미지급배당금, 유동성장기부채 등이 있습니다. 유동부채

유동부채	매입채무, 단기차입금, 미지급금, 선수금, 예수금, 가수금, 선수수익, 미지급비용, 미지급법인세, 미지급배당금, 유동성장기부채
비유동부채	사채, 전환사채, 장기차입금, 경품충당부채, 판매보증충당부채, 이연법인세부채, 임대보증금

는 지급 기한이 짧기 때문에 항상 그 이상의 유동자산을 갖춘 기업이 안전합니다.

만기가 1년 이상 남은 비유동부채에는 사채, 전환사채, 장기차입금, 경품충당부채, 판매보증충당부채, 이연법인세부채, 임대보증금 등이 있습니다. 지급 기한까지는 시간이 있기 때문에 상대적으로 부담이 덜한 부채입니다.

자본

기업의 자산에서 부채를 뺀 것을 자본이라고 합니다. 소유주 지분 또는 주주 지분이라고 부릅니다.

자본 = 자산 - 부채

자본금은 기업의 소유자가 투자한 금액을 말하지만 회계학적으로는 발행 주식의 액면 총합을 말합니다. 예를 들어 발행 주식의 액면가가 5,000원이고, 주식 총수가 100주라면 50만 원이 자본금이 됩니다.

이처럼 재무상태표를 보면 자산, 부채, 자본을 한눈에 알 수 있습니다. 그래서 기업이 당장 갚아야 하는 돈이 얼마인지, 갚을

납입 자본	자본금		보통주자본금, 우선주자본금
	자본잉여금		주식발행초과금, 감자차익, 자기주식처분이익
이익 잉여금	법정적립금		이익준비금
			기타 법정적립금
	임의적립금	적극적립금	신축적립금, 감채적립금, 사업확정적립금
		소극적립금	배당평균적립금, 결손보전적립금, 별도적립금
	미처분 이익잉여금		전기이월 미처분 이익잉여금 + 당기순이익
기타 자본 요소	자본조정	가산항목	주식발행할인차금, 감자차손, 자기주식, 자기주식처분손실, 배당건설이자
		차감항목	미교부주식배당금, 신주청약증거금, 출자전환채무, 주식매수청구권
	기타 포괄손익누계액		매도가능금융자산평가손익, 해외산업환산손익, 재평가잉여금, 현금흐름위험회피 파생상품평가손익

수 있는지 등을 잘 살펴 망하지 않을 건강한 기업에 투자하기 위해 꼭 살펴봐야 하는 것이 재무상태표입니다.

오늘의 주식 공부 SUMMARY
재무상태표에서 꼭 봐야 하는 3가지

1. 자산: 미래에 수익을 창출할 수 있는 능력을 가진 것
2. 부채: 기업의 과거 거래 및 사건의 결과로 미래에 자산을 이전하거나 용역을 제공해야 하는 것
3. 자본: 기업의 자산에서 부채를 뺀 것

손익계산서

이 기업은 돈을 얼마나
벌고 있나요?

오늘의 주식 공부 POINT
- 재무제표 중 손익계산서 보는 법을 배워보자.
- 손익계산서를 보기 위해 필요한 용어들을 공부해보자.

　　재무상태표를 통해 기업의 자산과 부채, 자본 상황을 파악했다면 이제는 돈을 얼마나 잘 벌고 있는지를 살펴봐야 합니다. 그렇게 번 돈을 어떻게 쓰고 있는지를 알면 투자할 만한 기업인지 아닌지 판단할 수 있습니다.

손익계산서

　　손익계산서는 1년 동안 기업이 얼마나 돈을 벌었는지를 보여주는 재무제표입니다. 한 해 동안 올린 매출이 얼마나 되는지, 원가는 얼마인지, 그래서 이익은 얼마인지 등을 보여줍니다.
　　손익계산서는 다음의 구조를 갖추고 있습니다.

매출액	(−) 매출원가
매출총이익	(−) 판매비와 관리비
영업이익	(+) 영업외수익
	(−) 영업외비용
경상이익	(+) 특별이익
	(−) 특별손실
법인세비용차감전순이익	(−) 법인세
당기순이익	

매출액에서 매출원가를 빼면 매출총이익이 나옵니다. 매출액은 제품을 판매한 금액이고, 매출원가는 제품을 만드는 데 들어간 비용이므로 매출총이익은 제품을 판매해서 남긴 이익입니다. 매출총이익에서 판매비와 관리비를 빼면 영업이익이 나오는데, 판매비는 제품 판매활동을 위한 비용, 관리비는 제품을 관리하는 데 들어간 비용을 말합니다.

판매비와 관리비를 빼면 영업이익이 나오는데, 기업이 영업활동을 얼마나 잘했는지 평가할 수 있는 수치입니다.

영업이익에 영업외수익을 더하고 영업외비용을 빼면 경상이익이 나옵니다. 경상이익은 기업의 영업활동 이외의 활동으로 벌어들인 이익과 비용을 가감해서 기업의 이익을 보여줍니다. 기업이 이익을 많이 냈는데 알고 보니 영업이익은 낮고 경상이익이 큰 비중을 차지했다면 본업이 아닌 다른 곳에서 이익을 냈다고 볼 수 있습니다.

예를 들어 배를 만드는 회사에서 부동산 임대수익으로 큰 이익을 번 경우입니다. 이런 이익은 지속성을 보장할 수 없기에 좋은 이익이라고 할 수 없습니다.

경상이익에서 다시 특별이익과 특별손실을 가감하면 법인세비용차감전순이익이 나옵니다. 특별이익과 특별손실은 영업활동과 관계없이 비경상적으로 발생하는 수익으로 영업외수익에 포함되지 않는 이익과 손실을 말합니다. 갚아야 할 부채가 있었는데 상대 측에서 그 부채를 면제해주는 것과 같은 것이 여기에 속합니다. 이 금액에서 법인세를 내고 나면 그 기업이 최종적으로 벌어들인 당기순이익이 나옵니다.

현금흐름표

손익계산서를 보면 그 기업이 얼마를 벌었는지 구체적으로 알 수 있지만 실제로 그만큼의 현금이 들어왔다는 것은 아닙니다. 예를 들어 매출이 굉장히 높은데 모두 외상으로 발생한 것이라면 어떨까요? 분명 물건을 팔았는데 돈은 아직 들어오지 않은 것이지요. 흑자도산이 일어나는 것도 이런 이유입니다. 분명 장부상으로는 수익이 났는데 현금이 없는 상태입니다. 받을 돈을 받지 못해 현금 융통이 되지 않아 부도가 나는 것이죠.

그래서 현금흐름표를 꼭 함께 살펴보아야 합니다. 현금흐름표를 보면 기업이 현금을 어디에 쓰고 어디서 들어왔는지를 알 수 있습니다.

현금흐름표는 다음과 같이 3가지 활동으로 나눠집니다.

현금흐름표	영업활동으로 인한 현금흐름
	투자활동으로 인한 현금흐름
	재무활동으로 인한 현금흐름

영업활동

제품의 생산과 판매 등과 같은 기업의 영업활동으로 인해 발생한 현금의 흐름 상황을 보여줍니다. 영업활동으로 돈을 벌었다면 (+) 값을 가지게 되고, 돈을 벌지 못했다면 (−) 값을 가지게 됩니다.

투자활동

건물이나 설비 등과 같이 기업의 경영활동으로 발생한 현금의 흐름을 보여줍니다. 투자활동은 미래의 영업활동을 위해 쓴 금액입니다. 투자활동을 위해 건물이나 설비 등을 사들였다면 (−) 값을 가지고, 쓰던 기계를 팔아 현금이 들어왔다면 (+) 값을 가지게 됩니다.

재무활동

회사가 영업활동이나 투자활동을 위해 외부에서 돈을 조달하거나 빚을 갚는 등의 현금흐름을 보여줍니다. 회사가 대출을 받아 돈이 들어왔다면 (+) 값을 가지고, 주주들에게 배당금을 지급했다면 돈이 나간 것이므로 (-) 값이 기록됩니다.

오늘의 주식 공부 SUMMARY
손익계산서에서 중요한 것

1. 매출총이익은 매출액에서 매출원가를 뺀 값이다.
2. 영업이익은 매출총이익에서 판매비와 관리비를 뺀 값이다.
3. 경상이익은 영업외수익과 영업외비용을 반영한 이익이다.

현금흐름표의 3가지 흐름

1. 영업활동으로 인한 현금흐름
2. 투자활동으로 인한 현금흐름
3. 재무활동으로 인한 현금흐름

PER
수익 대비 가격이 저렴한
기업에 투자하고 싶어요

오늘의 주식 공부 POINT
- PER을 꼭 봐야 하는 이유는 무엇일까?
- PER이 높으면 좋을까, 낮으면 좋을까?

투자 전문가들의 이야기를 듣다 보면, 하나같이 공통적으로 하는 말이 있습니다. 바로 좋은 기업에 투자하라는 것입니다. 어떤 기업이 좋은 기업이냐고 물으면 각기 다른 대답이 나올 수 있겠지만, 돈은 잘 벌면서 주가는 싼 기업이 좋은 기업이라는 것에는 모두 동의할 것입니다. 아무리 좋은 뜻과 이상을 가진 기업이라도 돈을 벌지 못하면 생존할 수 없고, 아무리 돈을 잘 벌어도 너무 비싸면 투자할 이유가 없습니다.

이 카페를 얼마에 인수해야 할까?

잘나가는 번화가에 카페가 하나 매물로 나왔습니다. 나이가 들어 카페 운영이 힘들어진 주인이 팔려고 내놓은 것입니다. 권리금 1억 원. 이 카페를 인수하는 것이 좋을까요, 인수하지 않는 것이 좋을까요?

카페를 인수하는 것이 좋은지를 판단하기 위해서는 권리금이 높은지 낮은지부터 판단해봐야 할 것입니다. 터무니없이 비싸다면 인수할 이유가 없습니다. 권리금 1억 원이 비싼지 싼지 판단하기 위해서는 무엇을 살펴봐야 할까요?

가장 먼저 그 카페에서 얼마를 벌 수 있는지부터 파악해야 합니다. 한 달에 순이익 1억 원씩 벌 수 있는 카페라면, 저렴하다고 생각할 수 있습니다. 한 달이면 그 카페를 인수하는 데 드는 비용을 회수할 수 있기 때문입니다. 반대로 1년에 순이익이 1천만 원에 불과하다면, 권리금 1억 원은 높은 가격입니다. 카페를 인수하고 10년은 지나야 권리금을 회수할 수 있기 때문입니다.

그런데 여기서 한 가지 궁금증이 생깁니다. 권리금이 1억 원이라면 대체 얼마 정도의 순이익이 나야 권리금이 저렴한 것일까요? 이를 위해서는 통상적으로 카페에 붙은 권리금을 조사해봐야 합니다. 카페의 평균 권리금을 매물로 나온 카페와 비교하면 권리금 1억 원이 저렴한지 비싼지 감을 잡을 수 있습니다.

돈 잘 버는 주식을 쉽게 확인할 수 있는 법

내가 투자할 종목을 결정할 때도 마찬가지입니다. 최소한 이 기업이 얼마나 돈을 잘 버는지, 지금 내가 지불하는 주가가 싼지 비싼지를 알아보고 투자해야 할 것입니다. 그렇다면 어떻게 알

아보아야 할까요? 돈을 잘 버는 종목을 한눈에 알 수 있는 방법
은 없을까요? 돈을 잘 벌면서도 가격이 싸게 나온 종목을 찾을
때 살펴보는 것이 바로 PER(주가수익비율)입니다.

PER(주가수익비율) = 주가 / 주당순이익(EPS)

PER(Price Earning Ratio)은 주가를 주당순이익(EPS)으로 나눈 것
으로, 주가가 1주당 수익의 몇 배 가격으로 거래되고 있는지를
알려줍니다. 여기서 주당순이익이란 기업이 벌어들인 당기순이
익을 그 기업이 발행한 총주식 수로 나눈 값으로, 1주당 이익을
얼마나 창출했는지를 나타내는 지표입니다.

예를 들어 A건설, B건설, C건설이 있다고 해봅시다.

	주가	주당순이익(EPS)	PER
A건설	1만 원	1,000원	10
B건설	1만 원	1만 원	1
C건설	1만 원	10만 원	0.1

A, B, C건설의 PER을 공식에 따라 구해보겠습니다.

A건설: 1만 원(주가) / 1,000원(1주당 순이익) = 10

B건설: 1만 원(주가) / 1만 원(1주당 순이익) = 1

C건설: 1만 원(주가) / 10만 원(1주당 순이익) = 0.1

A건설은 주당순이익에 비해 10배의 주가가 형성되어 있다는 것을 의미하고, B건설은 1배, C건설은 0.1배의 가격에 주식이 거래되고 있는 것입니다. 주가는 모두 1만 원으로 똑같지만 A건설의 주식은 10년치 순이익만큼 돈을 지불하는 것이고, C건설의 주식은 0.1년치 순이익만큼 돈을 지불하고 사는 것입니다. 그렇다면 어떤 기업의 주가가 저렴한가요?

실제로 잘 알려진 기업들의 PER을 살펴보겠습니다. 우리나라를 대표하는 삼성전자(005930)입니다.

삼성전자 🔊 🔈 005930	SamsungElec	KOSPI : 전기전자	WICS : 반도체와반도체장비			
EPS 3,841	BPS 39,406	PER 21.48	업종PER 26.34	PBR 2.09	현금배당수익률 3.63%	12월 결산

내가 일일이 계산하지 않아도 네이버 금융에서 삼성전자를 검색하면 이처럼 PER을 계산해서 보여줍니다. 삼성전자의 PER은 21.48입니다. 1주당 순이익의 21.48배 가격에 주가가 형성되어 있다는 의미입니다. 이를 있는 그대로 해석하면 삼성전자가 지금처럼 매년 순이익을 낸다면 21.48년이 지나야 시가총액만큼의 이익을 번다는 뜻입니다. 어떤가요? 주가가 높은 건가요, 낮은 건가요? 여러분은 삼성전자의 주식을 매수하겠습니까?

이번에는 KB금융(105560)의 PER을 살펴보겠습니다. 네이버 금융에서 검색해보면 KB금융의 PER은 5.34로 나와 있습니다.

KB금융 🔊 🔈 105560	KBFinancialGroup	KOSPI : 기타금융업	WICS : 은행			
EPS 8,198	BPS 105,769	PER 5.34	업종PER 4.81	PBR 0.41	현금배당수익률 5.05%	12월 결산

1주당 순이익의 5.34배 가격에 주가가 형성되어 있다는 의미입니다. 삼성전자의 PER 21.48에 비해 굉장히 낮은 수치입니다. 그러면 KB금융은 삼성전자보다 주가가 저렴하다고 이야기할 수 있을까요?

PER이 낮아지는 2가지 요인

일반적으로 PER이 낮으면 주가가 수익에 비해 낮게 형성된 주식이라고 생각하면 됩니다. 지금까지의 수익으로는 말입니다. 하지만 지금 돈을 벌지 못한다고 해서 나중에도 벌지 못하는 것은 아니지요. PER이 낮아지기 위해서는 2가지 방법이 있습니다. PER을 구하는 공식을 다시 한 번 살펴보겠습니다.

> PER(주가수익비율) = 주가 / 주당순이익(EPS)

PER을 구하는 공식에서 분자에 위치한 주가가 작거나, 분모에 위치한 주당순이익이 높으면 PER이 낮게 나옵니다. 그래서 우리는 PER 지수를 살펴볼 때 이 둘을 하나하나 뜯어보고 왜 낮은지를 확인해야 합니다.

주가가 낮아서 PER 지수가 낮은 경우

우리가 흔히 말하는 저평가된 주식입니다. 기업이 벌어들이는 순이익은 변화가 없지만, 글로벌 금융위기나 전쟁, 천재지변 등 여러 가지로 인해 주가가 떨어지면 PER 지수가 낮아집니다. 위기는 기회라는 말이 그래서 나옵니다. 기업의 순이익에는 영향을 주지 않는 사건으로 인한 위기 상황에서 굉장히 저렴한 가격에 주식을 살 수 있습니다.

주당순이익(EPS)이 높아서 PER 지수가 낮은 경우

주가는 가만히 있는데 주당순이익이 높은 경우 PER 지수는 자연스럽게 낮아집니다. 기업이 출시한 상품이 갑자기 불티나게 팔리거나 기업이 가지고 있던 자산을 매각하여 큰 이익을 본 경우가 여기에 해당합니다. 여기서 주당순이익이 증가하여 PER 지수가 낮아진 경우, 순이익의 증가가 일시적인 것인지 아니면 추세적으로 꾸준히 상승하고 있는 것인지를 꼭 살펴봐야 합니다. 일시적인 상승의 경우 다음 해에는 순이익이 원래대로 돌아올 가능성이 높기 때문입니다.

PER은 동종업계 간에 비교해야 한다

PER 지수가 낮으면 무조건 좋다고 생각해도 될까요? 삼성전자와 KB금융의 PER 지수를 다시 떠올려봅시다. 삼성전자는 21.48, KB금융은 5.34입니다. PER 지수로만 따지면 삼성전자보다 KB금융이 훨씬 매력적입니다. 그러나 삼성전자는 IT 제조 기업이고 KB금융은 금융기업입니다. 이들이 속한 산업이 다르므로 단순 비교하기가 어렵습니다. 마치 축구선수가 공을 잘 다루는지, 농구선수가 공을 잘 다루는지 비교하기 어려운 것처럼 말이죠. 그래서 동일 업종의 PER을 비교해봐야 합니다.

동일업종의 PER도 네이버 금융에서 쉽게 확인할 수 있습니다. 삼성전자의 경우 업종 PER은 26.34이고, KB금융의 경우 업종 PER은 4.81입니다. 동일업종의 PER로 비교하면 삼성전자의 PER은 낮은 수치이고, KB금융은 높은 수치입니다. 아직도 KB금융이 삼성전자보다 더 매력적으로 보이나요? 금융업종에 투자하겠다고 한다면, KB금융이 아닌 다른 금융기업에 투자하는 것이 낫지 않을까요?

PER이 낮다고 무조건 좋을까?

어떤 종목에 투자를 해야 할까 고민하면서 주식을 찾다 보면, PER 지수가 굉장히 높은데도 주가가 상승하는 종목들이 있습니다. 왜 그런 걸까요? 기업의 실적은 주가에 선반영이 됩니다. A기업의 전망이 안 좋은 것으로 예측된다면 아무도 그 기업에 투자하려고 하지 않을 것입니다. 그럼 당연히 주가는 점점 낮아집니다. 당장 순이익에 큰 변화가 없더라도 앞으로 돈을 벌기가 점점 어려워질 것이기 때문입니다. 그러면 A기업의 PER 지수는 자연스럽게 낮아집니다. 반면 B기업은 3년 뒤에 어마어마한 수익을 거두리라는 것이 눈에 훤히 보입니다. 그러면 많은 사람들이 이 기업에 투자하려고 할 것입니다. 그러면 자연스럽게 B기업의 주가는 높아지고 PER 지수 역시 높게 형성됩니다.

PER 지수가 낮다는 것을 수익성은 높은데 저평가된 주식으로 인식할 수도 있지만, 반대로 앞으로의 산업이나 기업의 전망이 좋지 않아 주가가 낮게 형성된 것으로 볼 수도 있습니다. PER 지수가 높다는 것은 수익성에 비해 주가가 고평가되었다고 인식할 수도 있지만, 반대로 산업이나 기업의 전망이 밝아 주가가 높게 형성된 것으로 볼 수 있는 것입니다.

우리는 PER 지수를 가지고 어떻게 투자 판단을 해야 할까요? 고PER 종목의 경우 시장의 기대치가 과대평가되어 있는지를 따져보아야 하고, 저PER 종목의 경우 시장의 우려가 과소평가되어 있는지를 따져보면 됩니다. 기대치가 과대평가되었다면 PER이 높더라도 주가는 더 오를 여지가 있고, 시장의 우려가 과소평가되었다면 PER이 낮더라도 투자를 해볼 수 있습니다.

오늘의 주식 공부 SUMMARY
주가수익비율(PER)

- PER = 주가 / 주당순이익(EPS)
- PER은 동일업종 간에 비교해야 한다.
- PER이 높으면 수익 대비 주가가 높게 형성되었다는 의미이기도 하지만, 그만큼 미래의 성장 가능성을 높게 보는 것이기도 하다.

PBR

자산이 많은 안전한 기업에
투자하고 싶어요

오늘의 주식 공부 POINT
- PBR을 꼭 봐야 하는 이유는 무엇일까?
- PBR이 높으면 좋을까, 낮으면 좋을까?

　　미래를 볼 수 있는 수정구슬이 있다면 아무런 두려움 없이 주식투자를 할 수 있을 것입니다. 당장 10분 뒤의 미래를 보고 주가의 움직임을 확인해 오르는 종목에 투자하면 되니까요. 하지만 그런 수정구슬이 있을 리 없습니다. 미래의 불확실성에 투자해서 우리의 생각대로 주가가 움직이면 돈을 벌고, 반대로 움직이면 손실을 봅니다. 이런 불확실성을 조금이라도 줄일 수 있는 방법이 없을까요?

패딩은 여름에 싸다

　　지난겨울은 한반도가 꽁꽁 얼어붙을 정도로 역대급 추위였습니다. 따뜻한 패딩은 불티나게 팔렸고 일부 브랜드는 품절 대란이 벌어지기도 했습니다. 물량이 부족해서 팔지 못한 의류업체들은 올겨울도 강력한 추위가 올 것으로 예상해 생산량을 예년보다 늘렸습니다. 그런데 웬걸, 눈 한 번 오지 않을 정도로 유난히 따뜻한 날씨에 패딩은 거의 팔리지 않았습니다. 팔지 못한 재고는 고스란히 의류 창고에 쌓였고 의류업체들은 재고 관리 비용을 지출해야 하는 상황에 내몰렸습니다.

의류업체들은 가만히 앉아서 적자를 보느니 싸게라도 팔아 비용지출을 줄이고 신상품을 보관할 공간을 확보하기로 했습니다. 그래서 뜨거운 여름날, 원가도 안 되는 가격에 땡처리를 시작했습니다. 마침 패딩이 필요했던 나는 이 패딩을 사야 할까요, 사지 말아야 할까요? 유행은 좀 지났을지라도 아주 저렴한 가격에 따뜻한 겨울옷을 장만할 수 있을 것입니다. 분명한 것은 터무니없이 비싼 값에 패딩을 사지 않아도 된다는 사실입니다.

저평가된 주식을 쉽게 확인할 수 있는 법

여름에 파격 할인을 하는 재고 패딩처럼, 주식시장에서도 종종 세일을 합니다. 여러 가지 이유로 주가가 변동하고, 그 변동 폭이 너무 커서 실제 그 기업이 가진 자산보다 기업의 가격(시가총액)이 낮은 경우가 종종 발생합니다. 예를 들어 그 기업이 가지고 있는 땅이나 건물, 현금 등의 가치가 1조 원인데 그 기업의 가격은 5천억 원에 불과한 경우입니다. 5천억 원을 들여서 그 기업을 사면, 1조 원의 땅, 건물, 현금 등과 같은 자산을 가질 수 있다

는 의미입니다. 이런 기업의 주식을 산다면 싼값에 그 기업을 사
는 것입니다.

그렇다면 보유한 자산 대비 주가가 저렴한 종목을 한눈에 알
아볼 수 있는 방법은 없을까요? 실제 가치보다 저렴한 가격에 거
래되는 종목을 찾을 때 많이 이용되는 지표가 바로 PBR(주가순자
산비율)입니다.

PBR(주가순자산비율) = 주가 / 주당순자산(BPS)

PBR(Price Book Value Ratio)은 보통주 주가를 주당순자산으로
나눈 것으로, 주가가 해당 자산의 몇 배 가격으로 거래되고 있는
지를 알려줍니다. 여기서 순자산이란 기업의 자산에서 부채를
뺀 것을 말합니다. 일반적으로 PBR이 1보다 작으면 저평가, 1과
같으면 적정평가, 1보다 크면 과대평가라고 하지만 업종에 따라
다릅니다. PER과 마찬가지로 절대적인 수치보다는 같은 업종의
종목들과 비교하는 것이 더 좋습니다. 예를 들어 A전자, B전자,
C전자가 있다고 해봅시다.

A, B, C전자의 PBR을 공식에 따라 구해보면 다음과 같습니다.

A전자: 1만 원(주가) / 1,000원(1주당 순자산) = 10
B전자: 1만 원(주가) / 1만 원(1주당 순자산) = 1
C전자: 1만 원(주가) / 10만 원(1주당 순자산) = 0.1

	주가	주당순자산	PBR
A전자	1만 원	1,000원	10
B전자	1만 원	1만 원	1
C전자	1만 원	10만 원	0.1

A전자는 주가가 주당순자산의 10배 가격에 형성되어 있다는 것을 의미하고, B전자는 1배, C전자는 0.1배의 가격에 주식이 거래되고 있다는 뜻입니다. 어떤 게 비싼 주식이고, 어떤 게 싼 주식일까요? 주가는 모두 1만 원으로 똑같지만 A전자의 주가가 자산에 비해 높고, C전자의 주가가 자산에 비해 낮다는 것을 알 수 있습니다.

PBR이 낮은 주식들은 어떤 종목들이 있을까?

이처럼 자산에 비해 주가가 낮에 형성되어 있는 종목은 어떤 것이 있을까요? 대표적인 것이 지역난방공사입니다. 지역난방공사의 PBR을 먼저 살펴보겠습니다.

지역난방공사 🏠 071320   KDHC   KOSPI : 전가가스업   WICS : 복합유틸리티
EPS 1,388   BPS 154,564   PER 26.95   업종PER 5.22   PBR 0.24   현금배당수익률   12월 결산

네이버 금융에서 지역난방공사(071320)를 검색해보면 PBR은 무려 0.24입니다. 주당순자산의 24% 가격에 주가가 형성되어

있다는 의미입니다. 지역난방공사는 열과 전기를 지역에 공급하는 사업을 하고 있는데, 발전소 부지는 물론 각 지역의 사무소 건물과 땅, 열을 보내는 배관 등이 모두 이 기업의 자산이기 때문에 자산이 굉장히 많은 것입니다.

PBR이 낮다고 다 오르는 건 아니다

이처럼 PBR 지표를 보면 주가가 저평가되어 있는지, 고평가되어 있는지 어느 정도 알 수 있습니다. 하지만 주가가 저평가되어 있다고 해서 꼭 오르는 것도 아니고, 주당순자산보다 몇 배이상 주가가 높다고 해서 더 이상 오르지 않는 것도 아닙니다. 실제로 PBR 지표를 살펴보면 주당순자산에 비해 수십 배나 높게 주가가 형성되어 있는 기업들도 많고, 절반 이하로 주가가 형성된 기업들도 많습니다.

특히 과거의 기업처럼 땅을 소유하고 공장을 운영하는 것이 아니라 인터넷과 같은 무형자산을 가진 기업이 늘어나고 있는 상황에서는 PBR이 높다고 해서 무조건 그 기업에 투자하지 말아야 하는 것은 아닙니다. 무형자산은 유형자산과는 달리 정확한 가치평가가 어렵기 때문입니다.

우리나라를 대표하는 인터넷 기업인 네이버(035420)를 살펴보PBR은 8이 넘습니다.

네이버의 주가가 무조건 비싸다고 할 수 있을까요? 네이버는

NAVER 🔖 🔊 035420	NAVER	KOSPI : 서비스업		WICS : 양방향미디어와서비스		
EPS 5,023	BPS 44,439	PER 74.46	업종PER 136.07	PBR 8.42	현금배당수익률 0.10%	12월 결산

공장과 땅을 가지고 사업을 하는 것이 아니라 인터넷 공간에서 사업을 하는 기업입니다. 많은 땅과 건물이 필요한 것이 아닙니다. 따라서 지역난방공사보다 PBR 지수가 높게 나올 수밖에 없습니다. 단순히 PBR만 보고 이 주가가 싸다 비싸다를 이야기할 수 없는 이유가 바로 여기에 있습니다.

하지만 PBR은 주가가 고평가되어 있는지 아니면 저평가되어 있는지 나타내는 신호의 역할을 합니다. 그 기업의 자산 내역을 살펴보고, 제대로 평가되었는지 파악한다면 충분히 자산의 관점에서 주가의 적정성을 따져볼 수 있을 것입니다.

내 돈을 잃지 않는 안정적인 투자를 하고 싶다면 PBR 지표를 잘 활용해보는 것이 좋습니다. 장밋빛 전망을 믿고 지나치게 고평가된 주식에 투자하려는 나의 결정에 경고등을 켜줄 것입니다.

오늘의 주식 공부 SUMMARY
주가순자산비율(PBR)

- PBR = 주가 / 주당순자산(BPS)
- PBR은 동일업종끼리 비교해야 한다.
- 공장이나 설비가 많았던 과거의 기업들은 PBR이 낮은 경향이 있으며, 오늘날 IT 기업들은 PBR이 높은 경향이 있다.

ROE, ROA

수익률이 좋은 기업에
투자하고 싶어요

오늘의 주식 공부 POINT
- ROE, ROA란 무엇일까?
- ROE, ROA의 차이를 통해 무엇을 알 수 있을까?

투자자의 입장에서는 얼마를 투자해서 몇 퍼센트의 수익을 내느냐에 많은 관심을 가질 것입니다. 그러려면 자본금을 잘 활용해서 높은 수익을 내는 기업에 투자하는 것이 유리하겠죠. 이런 기업을 찾기 위해서는 어떤 지표를 봐야 할까요?

자기자본의 수익률을 보여주는 자기자본이익률 ROE

A라는 기업과 B라는 기업이 있습니다. 모두 1억 원의 자본금을 가지고 시작했는데 A는 매년 2,000만 원을 벌고 B는 1,000만 원을 법니다. 1억 원을 가지고 A와 B 기업 중 하나를 인수할 수 있다면 어느 기업을 선택하시겠습니까? 100명이면 100명 모두 A기업을 선택할 것입니다. 같은 돈으로 더 많은 수익을 내기 때문입니다.

이번에는 C라는 기업과 D라는 기업이 있습니다. 모두 매년 2,000만 원을 버는 기업입니다. C라는 기업을 인수하는 데는 1억 원이 필요하고, D라는 기업을 인수하는 데는 2억 원이 필요하다고 합니다. 어느 기업을 인수하시겠습니까? 100명이면 100명 모두 C기업을 선택할 것입니다. 적은 돈으로 같은 수익을 내기 때문입니다.

우리는 A기업과 B기업을 비교하고, C기업과 D기업 중에 하나를 선택하는 과정에서 한 가지 기준을 가지고 판단했습니다. 내가 투자하는 금액 대비 수익이 얼마나 나오는가입니다. 주식을 투자할 때도 이 같은 기준을 보여주는 지표가 있습니다. 바로 ROE(Return On Equity, 자기자본이익률)입니다.

ROE = 당기순이익 / 자기자본 × 100(%)

어떤 기업이 자본금을 더 효율적으로 사용했는가?

어떤 기업의 자기자본이익률이 시중금리 수준인 1~2%에 머물렀다면 그 기업에 투자하느니 차라리 은행예금을 드는 것이 더 나을 것입니다. 그 기업은 자본금을 가지고 고작 은행이자만큼의 돈을 벌고 있으니 모든 사업을 접고 은행에 그 돈을 넣어두는 것이 오히려 리스크를 줄이는 현명한 판단이겠죠.

반면 자기자본이익률이 15% 이상으로 높은 기업은 자본을 활용해 높은 수익을 올리고 있습니다. 1억 원을 가지고 매년 1,500만 원 이상 벌어들이고 있다는 의미이니까요. 당연히 많은 투자자들이 이 기업에 투자하고 싶어 하고 자연스럽게 주가도 상승합니다.

그래서 자기자본이익률은 투자된 자금의 수익성을 측정하는 지표가 됩니다. 앞서 살펴봤듯이 은행금리 이상은 되어야 가치 있는 투자처입니다. ROE가 은행금리 수준이거나 그보다 못하다면 은행에 돈을 맡기는 편이 낫겠죠?

자산의 수익률을 보여주는 총자산순이익률 ROA

ROE가 자본금 대비 수익률을 보여주는 지표라면 ROA(Return On Assets)는 그 기업이 가진 총자산 대비 수익률을 보여줍니다. ROA는 ROE가 보여주지 않는 상황을 나타내기 때문에 함께 챙겨보면 좋습니다.

$$\text{ROA} = \text{당기순이익} / \text{총자산} \times 100(\%)$$

A기업은 자본금 1억 원과 은행대출 1억 원을 가지고 연 1,000만 원을 법니다. 그러면 A기업의 ROE는 10%, ROA는 5%가 됩니다. B기업은 자본금 1억 원과 은행대출 9억 원을 가지고 연 5,000만 원을 법니다. B기업의 ROE는 50%, ROA는 5%입니다. A와 B기

업 중 어디에 투자하겠습니까? ROE가 무려 50%에 달하는 B기업을 선택하는 사람이 많을 것입니다.

이번에는 ROA를 살펴보겠습니다. A기업의 ROE와 ROA는 5%밖에 차이 나지 않지만 B기업은 무려 45% 차이가 납니다. B기업의 ROE와 ROA의 차이가 큰 이유는 과도한 은행대출 때문입니다. ROE는 자기자본을 활용한 이익률을 측정한 지표인 데 반해, ROA는 총자산(부채+자본)을 가지고 이익률을 측정했기 때문입니다. 즉, 부채가 많을수록 ROE와 ROA의 차이는 커질 수밖에 없습니다.

따라서 ROE와 ROA의 차이가 크다면 다른 기업에 비해 부채가 많다는 것을 알 수 있습니다. 부채를 활용해 이익을 늘리는 것은 레버리지를 잘 활용하는 것이기도 하지만 결국 위기가 오면 부메랑으로 돌아옵니다. ROE가 높다고 무조건 좋은 기업이라고 생각하기보다는 ROE와 ROA를 함께 보고 투자를 결정하는 것이 좋습니다.

오늘의 주식 공부 SUMMARY
ROE와 ROA

ROE = 당기순이익 / 자기자본 × 100(%)
ROA = 당기순이익 / 총자산 × 100(%)
ROE와 ROA의 차이가 지나치게 크면 부채가 많다는 것을 의미한다.

전자공시시스템으로
투자할 종목 찾아보기

오늘의 주식 공부 POINT
● 전자공시시스템을 통해 투자 종목을 찾는 과정을 익혀보자.

전자공시시스템을 보면 기업이 어떻게 돈을 버는지, 얼마나 버는지, 경쟁력은 얼마나 있는지 등을 모두 살펴볼 수 있습니다. 그렇다면 전자공시시스템을 통해 투자 종목을 어떻게 발굴할 수 있을까요?

STEP 1. 실생활에서 투자 아이디어 찾기

가장 먼저 투자 아이디어를 찾아야 합니다. 이를테면 망하지 않으면서도 미래 성장성이 있는 기업을 찾아봅시다. 주변 사람들을 보니 스마트폰을 가지고 있지 않은 사람이 없습니다. 이들이 사용하는 통신사를 확인해보니 많은 사람들이 SKT를 선호하고 있습니다. 언론에서 5G 서비스라든지, 사물인터넷이라든지 미래통신기술에 대한 이야기들이 기사화되는 것으로 봐서 전망

도 밝아 보입니다. 그래서 SK텔레콤이라는 기업에 대해 조사해
보기로 합니다.

STEP 2. 기업의 사업 내용 알아보기

이제 내가 생각한 가설이 맞는지 확인해봅니다. 전자공시시
스템에 등록되어 있는 사업보고서를 통해 SK텔레콤의 사업 내
용을 살펴봅니다. 'Ⅱ. 사업의 내용' 항목에서 '나. 성장성' 항목을
보니, 2018년부터 2020년까지 꾸준히 이동전화 가입자 수가 늘
고 있습니다.

나. 성장성

(단위: 천명)

구분		'20년 말	'19년 말	'18년 말
이동전화 가입자수	SKT	29,089	28,648	27,382
	KT/LGU+	31,341	31,539	29,989
	MVNO	9,111	7,750	7,989
	계	69,541	67,937	65,360

* 출처: 과학기술정보통신부(www.msit.go.kr) 무선통신 가입자 통계('20년 12월말 기준)

경쟁사인 KT, LG유플러스의 시장점유율도 살펴보니 SK텔레
콤이 50%에 육박합니다. 주변 사람들이 SK텔레콤을 많이 사용
하고 있는 것 같다는 느낌이 숫자로 확인되는 순간입니다. 통신
시장에서 SK텔레콤의 입지는 압도적 시장 지배자입니다.

(3) SK텔레콤 시장점유율(MVNO제외)

(단위: %)

구분	'20년 말	'19년 말	'18년 말
이동전화	48.1	47.6	47.7

* 출처: 과학기술정보통신부(www.msit.go.kr) 무선통신 가입자 통계('20년 12월말 기∈

그렇다면 미래 경쟁력은 어떨까요? SK텔레콤에서 공시한 내
용에 따르면 코로나19라는 상황에서 다양한 ICT 포트폴리오를
바탕으로 사상 최고 실적을 달성하고 있습니다.

STEP 3. 부채는 얼마나 있고 영업이익은 얼마나 될까?

SK텔레콤의 사업 내용을 사업보고서로 확인했다면 이제 숫자로 돈을 얼마나 벌고 부채는 얼마나 있는지 확인해야 합니다. SK텔레콤의 자산과 부채 상황을 알기 위해 재무상태표를 살펴봅니다. SK텔레콤의 총부채는 23,510,714(백만 원)이고 총자산은 47,906,957(백만 원)으로 총부채의 2배에 달합니다. 1년 이내에 만기가 돌아오는 유동부채도 8,177,967(백만 원)인데, 유동자산이 8,775,086(백만 원)이므로 단기부채도 충분히 감당해낼 수 있습니다. 재무상으로 큰 문제는 없어 보입니다.

이번에는 SK텔레콤이 얼마나 벌었는지 손익계산서를 살펴봅니다. 영업이익은 1,349,324(백만 원)을 벌었고, 당기순이익도 1,500,538(백만 원)으로 많은 돈을 벌고 있는 것을 확인할 수 있습니다.

(단위: 백만원)

과 목	제37기말	제36기말	제35기말
자 산			
Ⅰ.유동자산	8,775,086	8,088,507	7,958,839
현금및현금성자산	1,369,653	1,270,824	1,506,699
매출채권	2,188,893	2,230,979	2,008,640
미수금	979,044	903,509	937,837
기타의유동자산	4,237,496	3,683,195	3,505,663
Ⅱ.비유동자산	39,131,871	37,113,861	34,410,272
장기투자자산	1,648,837	857,215	664,726
관계기업및공동기업투자	14,354,113	13,385,264	12,811,771
유형자산	13,377,077	12,933,460	10,718,354
무형자산	4,436,194	4,866,092	5,513,510
영업권	3,357,524	2,949,530	2,938,563
기타의비유동자산	1,958,126	2,122,300	1,763,348
자산총계	47,906,957	45,202,368	42,369,111
부 채			
Ⅰ.유동부채	8,177,967	7,851,673	6,847,557
Ⅱ.비유동부채	15,332,747	14,533,761	13,172,304
부채총계	23,510,714	22,385,434	20,019,861
자 본			
Ⅰ.지배기업 소유주지분	23,743,894	22,950,227	22,470,822
자본금	44,639	44,639	44,639
기타불입자본	677,203	1,006,481	655,084
이익잉여금	22,981,913	22,228,683	22,144,541
기타자본구성요소	40,139	-329,576	-373,442
Ⅱ.비지배지분	652,349	-133,293	-121,572
자본총계	24,396,243	22,816,934	22,349,250
부채와자본총계	47,906,957	45,202,368	42,369,111
연결에 포함된 회사수	49	48	44

STEP 4. 배당금은 얼마나 줄까?

혹시 SK텔레콤에서 배당금도 줄까요? 매년 배당금을 준다면 더할 나위 없을 것입니다. 그래서 이번에는 주주로서 누릴 수 있

과 목	제37기	제36기	제35기
I.영업수익	18,624,651	17,740,716	16,873,960
II.영업이익	1,349,324	1,108,177	1,201,760
III.법인세비용차감전계속영업순이익	1,877,040	1,161,001	3,975,966
IV.연결당기순이익	1,500,538	860,733	3,131,988
V.연결당기순이익의귀속:			
지배기업의 소유주지분	1,504,352	888,698	3,127,887
비지배지분	-3,814	-27,965	4,101
VI.지배기업 소유주 지분에 대한 주당이익:			
기본 주당순이익(원)	20,463	12,127	44,066
희석 주당순이익(원)	20,459	12,127	44,066

는 배당금을 확인해봅니다. 'I. 회사의 개요' '6. 배당에 관한 사항 등'을 선택하면 SK텔레콤의 배당금을 확인할 수 있습니다. SK텔레콤은 3년 동안 주당 1만 원의 배당금을 지급했으며, 이는 4.1% 수익률에 달하는 수준입니다. 금리보다 몇 배 높은 수준의 배당금을 매년 지급하고 있습니다.

STEP 5. 투자를 결정한다

SK텔레콤은 압도적인 시장점유율을 바탕으로 돈도 잘 벌고 재무 상태도 건전합니다. 다양한 ICT 포트폴리오를 바탕으로 미래통신산업도 준비하며 배당수익률도 금리보다 높습니다. 안전하고, 배당도 많이 주고, 돈도 잘 벌고, 미래 사업 준비도 잘해나가고 있는 이 기업에 장기투자를 한다면 나쁘지 않은 수익을 기대할 수 있을 것이라고 생각합니다. 이처럼 자신이 찾는 투자 기

준에 부합하는 기업에 투자를 결정하면 됩니다.

오늘의 주식 공부 SUMMARY
전자공시시스템으로 투자 종목 찾는 방법

STEP 1. 실생활에서 투자 아이디어 찾기

STEP 2. 기업의 사업 내용 알아보기

STEP 3. 부채는 얼마나 있고 영업이익은 얼마나 벌고 있을까?

STEP 4. 배당금은 얼마나 줄까?

STEP 5. 투자 결정

4장

앞으로의 주가를
예측할 수 있나요?

기술적 분석이란
무엇인가?

오늘의 주식 공부 POINT
- 기술적 분석이란 무엇인지 알고, 기본적 분석과는 어떻게 다른지 살펴보자.
- 기술적 분석의 기본 전제에 대해 공부해보자.
- 기술적 분석의 한계점에 대해 공부해보자.

주가를 예측할 수 있는 방법만 안다면, 누구나 쉽게 주식투자를 통해 돈을 벌 수 있을 것입니다. 이 기업의 주가가 지금은 1만 원이지만 한 달 후에 2만 원이 될 것을 안다면 빚을 내서라도 투자를 해 한 달 만에 100% 수익을 낼 수 있을 테니까요.

하지만 주가 예측은 도무지 종잡을 수 없습니다. 그래서 많은 사람들이 다양한 방법으로 주가를 예측하려고 노력합니다. 예측할 수 있는 방법이 무엇이라도 하나 있지 않을까 하는 생각이지요. 기업의 재무제표를 보는 것도 주가를 예측해보고자 하는 노력 중 하나입니다. 이를 기본적 분석이라고 합니다.

이 기본적 분석 외에도 주가, 수요와 공급, 거래량 등을 이용해 주가를 예측하는 방법이 있습니다. 이것이 바로 기술적 분석입니다. 다른 말로는 차트 분석이라고도 하는데 주가와 거래량의 움직임이 남긴 발자취를 살펴보면 앞으로 어디로 향할지 예측할 수 있다는 것입니다. 그래서 기술적 분석을 잘하면 주식투자를 하는 데 많은 도움을 받을 수 있습니다.

기술적 분석의 3가지 기본 전제

모든 이론들은 현실에 적용하기 위한 전제 사항들을 가지고 있습니다. 예를 들면 경제학은 모든 사람들이 합리적으로 생각한다는 전제를 두고 다양한 이론들을 펼쳐나가죠. 이런 전제 사항들이 없으면 너무나도 복잡한 현실세계를 모두 충족하는 이론이 존재할 수 없습니다.

기술적 분석 역시 기본적인 전제 사항들이 있습니다. 크게 3가지 정도인데, 이것들을 알고 있어야 이론이 현실에 맞지 않아도 당황하지 않고 그 현실을 분석해볼 수 있습니다.

시장의 움직임은 모든 것을 반영한다

경제학에서 가격은 수요와 공급의 원칙에 따라 결정된다고 말합니다. 주가도 마찬가지입니다. 주식을 사고자 하는 사람과 팔고자 하는 사람의 공통된 생각에서 가격이 결정됩니다. 기업 자체의 문제이든, 세계적인 경제위기이든, 업계의 상황이든 그 모든 것이 가격에 반영되어 그 가격이 좋다고 하는 사람은 주식을 사거나 파는 것입니다.

주가가 상승하는 것에도, 하락하는 것에도 모두 이유가 있으며, 그것들이 주가에 반영되어 나타난다는 것이 기술적 분석의 기본 전제입니다.

주가는 추세를 형성한다

어떤 현상이 일정한 방향으로 나아가려는 경향을 추세라고 부릅니다. 기술적 분석을 하는 사람들이 차트 분석을 통해 찾아내려는 것도 이 추세입니다.

한번 움직이면 그 방향으로 나아가려는 성질이 있기 때문에, 상승하는 방향으로 주가가 움직이면 주식을 매수하고 하락하는 방향으로 움직이면 매도하려는 것입니다. 이처럼 기술적 분석의 시작은 추세 분석이고, 그에 맞춰 주식을 매수할 것이냐 매도할 것이냐가 결정됩니다.

역사는 반복된다

기술적 분석은 지나간 과거의 발자취를 보고 앞으로 나아갈 방향을 살펴보는 것입니다. 과거의 어떤 상황에서 투자자들이 매수를 했는지 매도를 했는지를 살펴보면, 앞으로 비슷한 상황이 발생했을 때 투자자들이 어떻게 움직일지 예측할 수 있습니다. 역사는 반복된다는 것이지요. 경제위기가 닥쳤을 때, 사람들은 어떻게 대응했고 어떻게 얼마 만에 극복되었는지를 살펴보면 지금 혹은 앞으로의 경제위기 때 어떻게 해야 하는지를 알 수 있습니다. 우리가 역사를 배우는 이유이기도 하지요. 기술적 분석은 이처럼 역사는 반복된다는 사실을 전제로 하고 있습니다.

기술적 분석의 3가지 방법

기술적 분석은 크게 3가지로 분류할 수 있습니다.

1. 추세 분석

주가는 일직선으로 움직이는 것이 아니라 흔들리면서 일정한 추세를 그리며 움직입니다. 그래서 이 추세를 잘 예측한다면 상승 추세 초반에 매수하여 후반에 매도 타이밍을 잡을 수 있습니다. 주가의 움직임을 살펴보면, 추세와 일치하는 방향에서는 강한 움직임을 보이고 추세와 반대되는 방향에서는 약한 움직임을 보입니다. 상승 추세라면 상승은 강하게 하락은 약하게 움직이고, 하락 추세라면 하락은 강하게 상승은 약하게 움직입니다.

2. 패턴 분석

차트에서 자주 보이는 특정한 형태를 정형화해 주가 예측 도구로 활용하는 것입니다. 주가의 움직임에 추세가 있다고 하지만 상승 추세라고 상승만 하지는 않고, 하락 추세라고 하락만 하지는 않습니다. 주가가 오르락내리락하면서 추세를 그려나가는데 이를 잘 분석하면 매수/매도 타이밍을 잡는 데 도움을 얻을 수 있습니다.

3. 지표 분석

시장의 상황을 분석하여 시장의 움직임을 예측하는 분석법입니다. 주식시장에서 발견되는 다양한 지표들과 신호들을 파악해 현재의 시장이 강세시장인지 약세시장인지를 파악합니다. 우리가 간혹 뉴스를 보면 '버블'이라든가 '바닥'이라는 단어를 발견할 수 있습니다.

시장이 지나치게 뜨거워서 주가지수가 높으면 버블, 시장에 대한 관심이 차갑게 식어 주가지수가 낮으면 바닥이라고 표현합니다. 시장의 상태가 정상적인가 비정상적인가를 판단하여, 비정상적이라면 정상적으로 회귀한다는 것을 전제로 시장의 움직임을 예측합니다.

기술적 분석의 한계점

기술적 분석만 잘하면 정말 주가를 예측할 수 있고, 주식투자에서 큰돈을 벌 수 있을까요? 기술적 분석이 주가를 예측하는 데 도움이 되긴 하지만, 꼭 100% 맞는다고는 할 수 없습니다. 기술적 분석도 한계점을 가지고 있기 때문입니다.

차트는 결국 과거의 데이터일 뿐이다

기술적 분석은 결국 과거의 데이터를 가지고 미래를 예측하는 것입니다. 그런데 과거에 그랬다고 해서 미래도 그럴 것이라고 이야기할 수 있을까요? 물론 비슷한 상황은 반복될 수 있지만, 어디까지나 예측에 불과합니다. 반드시 그런다는 보장은 어디에도 없습니다. 실제로 차트를 분석하다 보면 과거의 차트와 비슷한 모습을 자주 발견할 수 있습니다. 그러나 그 차트가 과거와 똑같은 미래를 그리지는 않습니다. 차트만 보고 미래를 예측하는 것은 굉장히 무모할 수 있습니다.

모두가 차트를 분석한다

유명한 투자 격언 중에 "대중과 반대로 움직여라"는 말이 있습니다. 모두가 공포에 빠져서 주식을 매도할 때 주식을 헐값에 살 수 있고, 모두가 그 주식의 미래를 좋게 보고 너도 나도 사려고 하면 비싼 값에 팔 수 있다는 의미입니다. 결국 주식투자는 남들과 똑같이 움직이면, 비싼 값에 사서 싼값에 팔 수밖에 없습니다. 이를 차트 분석에 적용해보겠습니다.

차트 분석이 확실한 매수/매도, 고점/저점 신호를 알려준다고 가정해보겠습니다. 차트 분석을 하는 사람이 나 하나뿐은 아닐 것입니다. 많은 사람들이 차트를 들여다보며 분석하고 있습니다. 결국 일정한 신호가 나오게 되면 사람들은 차트 분석에 따라 매도/매수를 판단합니다. 결국 많은 사람들이 동일하게 행동하기 때문에 차트 분석을 통해 수익을 얻기가 어려워집니다.

사람마다 해석이 달라질 수 있다

똑같은 차트를 두고서도 사람마다 다르게 해석할 수 있습니다. 차트 분석을 하다 보면 자주 등장하는 패턴들이 있습니다. 하지만 이미 완성된 패턴을 가지고 해석하는 것과 패턴이 그려지고 있는 상황을 가지고 예측하는 것은 완전히 다릅니다. 누군가는 같은 패턴을 보고 주가 상승이라고 해석하고, 또 누군가는 완전히 다른 패턴을 보고 주가 하락이라고 해석합니다.

이처럼 차트 분석은 장점도 있지만 한계점도 분명 있습니다. 따라서 기술적 분석만을 맹목적으로 추종하기보다는 기본적 분석을 바탕으로 기술적 분석을 함께 하는 것이 주가 예측의 확률을 좀 더 높일 수 있는 방법입니다. 기본적 분석을 통해 망하지 않을 우량한 기업, 수익을 잘 내는 좋은 기업을 찾아 매수와 매도 타이밍을 잡는다면 주식투자에서 실패할 확률을 크게 줄일 수 있습니다.

네이버 증권에서 차트 보는 법

네이버 증권에서 차트를 볼 수 있는 서비스를 제공하고 있습니다. 관심 있는 종목의 차트를 살펴보는 법을 알아두면, 간단하게 기술적 분석을 해볼 수 있습니다.

STEP 1. 네이버에서 원하는 주식 종목을 검색합니다.

STEP 2. 차트 메뉴를 선택합니다.

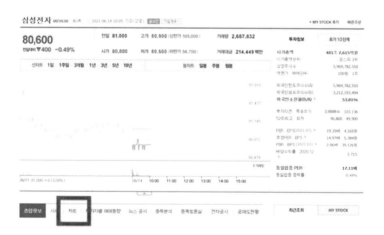

STEP 3. 원하는 정보를 차트에 적용해봅니다.

네이버 증권에는 차트에 다양한 보조지표, 도구 등을 적용하는 기능이 있습니다.

공시가 있었을 때 주가가 어떻게 변화했는지 확인하는 것을 비롯해 거래량, 볼린저밴드(Bolinger Band), 이동평균, 일목균형표, 그물 차트, 매물분석도 등 다양한 보조지표를 함께 살펴볼 수 있습니다.

이처럼 기술적 분석을 공부해가면서 투자에 하나하나 적용해 본다면, 주식 종목을 훨씬 입체적이고 깊이 있게 바라볼 수 있을 것입니다.

오늘의 주식 공부 SUMMARY

기술적 분석의 전제

1. 시장의 움직임은 모든 것을 반영한다.
2. 주가는 추세를 형성한다.
3. 역사는 반복된다.

기술적 분석의 한계

1. 차트는 결국 과거의 데이터일 뿐이다.
2. 모두가 차트를 분석한다.
3. 사람마다 해석이 달라질 수 있다.

캔들차트

오늘의 주식 공부 POINT
● 캔들차트가 무엇인지에 대해 알아보자.
● 캔들의 다양한 모양이 무엇을 의미하는지 공부해보자.

기술적 분석의 시작은 캔들차트에서 시작합니다. 모양이 마치 양초처럼 생긴 데서 유래한 것이며, 봉과 모양이 비슷하다고 하여 봉차트라고도 부릅니다.

캔들차트에 담긴 정보

캔들차트에서는 주가의 가장 중요한 정보인 시가(시작 가격), 종가(장마감 가격), 고가(당일 최고가), 저가(당일 최저가)의 정보를 한눈에 살펴볼 수 있습니다. 시가보다 종가가 올라가는 경우 양봉이라고 하며 붉은색으로 표시하고, 시가보다 종가가 내려가는 경우 음봉이라고 하며 푸른색으로 표시합니다. 또한 시가나 종가를 벗어나는 가격을 꼬리라고 부르는데, 종류에 따라 위꼬리, 아래꼬리가 있습니다.

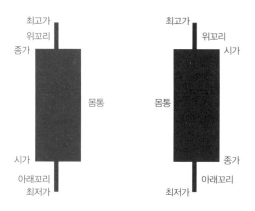

예를 들어 시가가 1만 원이고 종가가 1만 2,000원이면 시가보
다 종가가 올라갔기 때문에 양봉이며 장중 최고가가 1만 3,000원
이었다면 위꼬리 캔들이 그려집니다. 반대로 시가가 1만 원이고
종가가 9,000원이면 시가보다 종가가 내려갔기 때문에 음봉이며
장중 최저가가 8,000원이면 아래꼬리 캔들이 그려집니다.

캔들은 일반적으로 하루, 일주일, 1개월, 1년의 정보가 기록
됩니다. 하루 동안의 정보를 담고 있으면 일봉, 일주일 동안의
정보를 담고 있으면 주봉, 한 달 동안의 정보를 담고 있으면 월
봉, 1년의 정보를 담고 있으면 연봉이라고 합니다. 일반적으로
는 일봉을 가장 많이 보며, 중장기적인 흐름을 볼 때는 주봉과
월봉을 살펴봅니다.

캔들차트의 패턴

양봉과 음봉은 기본적으로 4가지 패턴을 그립니다. 먼저 양봉을 살펴보겠습니다.

- 긴 양봉: 시가 대비 가격이 크게 상승한 경우로 매수세가 시장을 장악한 것을 의미합니다.
- 짧은 양봉: 위꼬리냐 아래꼬리냐를 떠나서 몸통이 짧은 양봉입니다. 매수세가 매도세보다 강하다는 것을 의미합니다.
- 망치형 양봉: 망치와 비슷한 모양을 그립니다. 장중 매도세에 밀렸지만 다시 매수세가 강해져 시장을 장악한 모양으로 주가가 하락하는 흐름에서 망치형 양봉이 등장하면 주가 상승의 신호로 봅니다.
- 역망치형 양봉: 망치형 양봉과 반대의 모양을 그립니다. 상승 추세 중에 역망치형 양봉이 나오면 매도 신호로 보고, 하락 추세 중에 역망치형 양봉이 나오면 상승 전환의 신호로 봅니다.

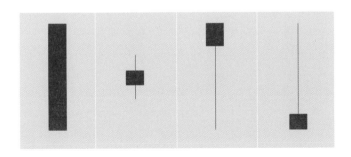

다음은 음봉입니다.

- 긴 음봉: 시가 대비 가격이 크게 하락한 것으로 매도세가 시장을 장악한 것을 의미합니다.
- 짧은 음봉: 위꼬리냐 아래꼬리냐를 떠나서 몸통이 짧은 음봉입니다. 매도세가 매수세보다 강하다는 것을 의미합니다.
- 망치형 음봉: 몸통 아래 긴 꼬리가 붙은 음봉입니다. 교수형에 처해지는 모습과 비슷하다고 해서 교수형이라고도 부릅니다. 장중에 매수세가 반등을 시도했으나 매도세가 더 강해 성공하지 못한 모습입니다. 주가가 바닥에서 망치형 음봉이 출현했다면 반등 가능성이 있다고 해석하며, 천장에서 출현했다면 하락할 것을 의미합니다.
- 역망치형 음봉: 몸통 위에 긴 꼬리가 붙은 음봉입니다. 망치형 음봉과 반대 모양을 그립니다. 매수세가 상승을 시도했지만 실패한 모습입니다. 천장에서 역망치형 음봉이 출현했다면 하락할 것을 의미합니다.

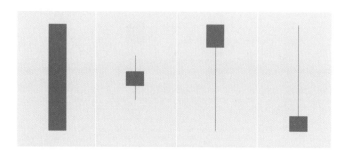

캔들차트의 유형

캔들차트 하나를 가지고도 주가를 예측하기도 하지만, 그보다는 2~3개로 이어지는 봉차트를 가지고 시장을 판단하면 추세 분석의 성공률을 보다 높일 수 있습니다. 캔들차트의 유형은 크게 상승반전형, 하락반전형, 추세지속형으로 분류합니다.

상승반전형

주가가 하락하다가 상승반전형 패턴이 나타나면 주가가 상승할 가능성이 높습니다. 따라서 상승반전형 패턴들을 잘 알아두면 매수 타이밍을 잘 잡을 수 있습니다.

상승장악형

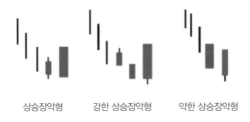

상승장악형   강한 상승장악형   약한 상승장악형

음봉이 출현했다가 강력한 양봉이 출현하는 패턴입니다. 강력한 매수세가 전날의 매도세를 압도적으로 장악한 것으로 추세가 상승으로 전환될 때 자주 나타납니다. 상승에 대한 신뢰도가 높은 패턴이므로 하락 추세 이후 상승장악형 패턴이 나타났다면 매수를 적극 검토해야 합니다. 강한 상승장악형은 2~3일 전의

종가를 모두 돌파하는 양봉이 나타난 경우를 말하며, 약한 상승
장악형은 전날의 음봉을 양봉이 다 돌파하지 못하고 반 이상 덮
은 경우를 의미합니다.

상승잉태형

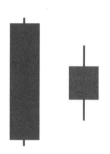

캔들은 긴 음봉 이후 짧은 양봉이 음봉 몸통 안에 속해 있는
모양입니다. 하락 추세에 상승잉태형 캔들이 나타나면 매수세가
시장을 주도한 것으로 보고 상승 전환을 예측할 수 있습니다.

상승도지형

키다리형 도지   잠자리형 도지   샛별형 도지

하락 추세에서 전일의 종가를 지키는 십자(+) 모양의 봉입니

다. 도지 모양이 나타났다는 것은 지금까지의 주도 세력이 힘을 잃었다는 것을 의미합니다. 하락 추세에서 도지형이 나온다면 상승 전환을 예측해볼 수 있습니다. 아래꼬리가 긴 십자 모양일 수록 상승 전환 가능성이 상대적으로 높습니다.

적삼병

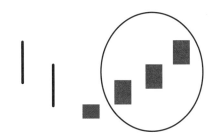

3개의 양봉이 연속해서 나오는 패턴입니다. 적삼병은 강력한 상승 전환으로 해석하며, 5일 또는 10일 이동평균선을 돌파한 경우에는 적극적으로 매수를 고민해볼 수 있습니다.

하락반전형

주가가 상승하는 추세 속에 하락반전형 패턴이 나타나면 주가는 하락할 가능성이 높습니다. 따라서 하락반전형 패턴들을 잘 알아둔다면 매도 타이밍을 잘 잡을 수 있습니다.

하락장악형

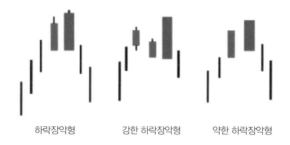

하락장악형   강한 하락장악형   약한 하락장악형

양봉이 출현했다가 강력한 음봉이 출현하는 패턴입니다. 강력한 매도세가 전날의 매수세를 압도적으로 장악한 것으로 추세가 하락으로 전환될 때 자주 나타납니다. 하락에 대한 신뢰도가 높은 패턴이므로 상승 추세 이후 하락장악형 패턴이 나타났다면 매도를 적극 검토해야 합니다. 강한 하락장악형은 2~3일 전의 종가를 모두 하락 돌파하는 음봉이 나타난 경우를 말하며, 약한 하락장악형은 전날의 양봉을 음봉이 모두 하락 돌파하지 못하고 반 이상 덮은 경우를 의미합니다.

하락잉태형

긴 양봉 이후 짧은 음봉이 양봉 몸통 안에 속해 있는 모양입니

다. 상승 추세에 하락잉태형 캔들이 나타나면 매도세가 시장을 주도한 것으로 보고 하락 전환을 예상할 수 있습니다.

하락도지형

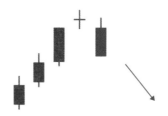

상승 추세에서 전일의 종가를 지키는 십자(+) 모양의 봉입니다. 도지 모양이 나타났다는 것은 지금까지의 주도 세력이 힘을 잃었다는 것을 의미합니다. 상승 추세에서 도지형 모양이 나온다면 하락 전환을 예측해볼 수 있습니다. 아래꼬리가 긴 십자 모양일수록 하락 전환 가능성이 상대적으로 높습니다.

흑삼병

3개의 음봉이 연속해서 나오는 패턴입니다. 흑삼병은 강력한

하락 전환으로 해석하며, 5일 또는 10일 이동평균선을 돌파한 경우에는 적극적으로 매도를 고민해볼 수 있습니다.

추세지속형

앞서 살펴본 것처럼 추세가 상승 또는 하락되는 패턴도 있지만, 추세가 지속될 것을 나타내는 패턴들도 있습니다.

상승지속갭

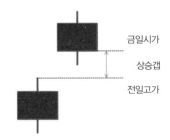

봉과 봉 사이에 빈 공간이 생기는 경우를 갭이라고 부릅니다. 갭은 매수와 매도 주문이 불균형할 경우 나타납니다. 상승지속 갭은 갑자기 주가가 급등할 만한 호재가 발생했을 때 나타나는 패턴입니다. 상승 추세가 지속될 것으로 해석하며, 이때 발생한 갭은 지지 역할을 합니다.

하락지속갭

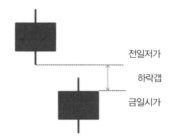

전일저가

하락갭

금일시가

갑자기 주가가 급락할 만한 악재가 발생했을 때 나타나는 패턴입니다. 하락 추세가 지속될 것으로 해석하며, 어느 정도 투자손실을 감수할 각오를 해야 합니다.

상승삼법형

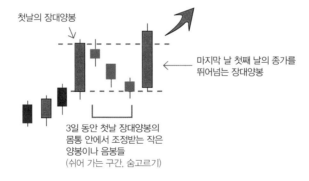

Rising Three method(상승삼법형)

첫날의 장대양봉

마지막 날 첫째 날의 종가를 뛰어넘는 장대양봉

3일 동안 첫날 장대양봉의 몸통 안에서 조정받는 작은 양봉이나 음봉들
(쉬어 가는 구간, 숨고르기)

긴 양봉 출현 후 2~4개 정도의 음봉이 출현하고 그 후 긴 양봉이 첫날의 양봉을 돌파하는 형태입니다. 상승이 지속된다고 봅니다.

하락삼법형

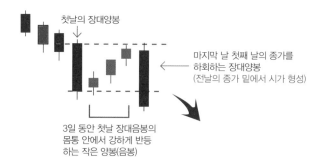

Falling Three method(하락삼법형)

첫날의 장대양봉

마지막 날 첫째 날의 종가를
하회하는 장대양봉
(전날의 종가 밑에서 시가 형성)

3일 동안 첫날 장대음봉의
몸통 안에서 강하게 반등
하는 작은 양봉(음봉)

긴 음봉이 출현한 후 2~4개 정도의 양봉이 출현하고 그 후로 긴 음봉이 첫날의 음봉을 하락 돌파하는 형태입니다. 하락이 지속된다고 봅니다.

상승격리형

상승 추세에서 첫째 날 음봉 시가와 둘째 날 양봉 시가가 같은 수준에 있는 패턴으로 몸체가 길수록 신뢰성이 높아집니다.

하락격리형

하락 추세에서 첫째 날 양봉 시가와 둘째 날 음봉 시가가 같은 수준에 있는 패턴으로 몸체가 길수록 신뢰성이 높아집니다.

오늘의 주식 공부 SUMMARY
캔들차트 이해하기

1. 캔들차트: 시가(시작 가격), 종가(장마감 가격), 고가(당일 최고가), 저가(당일 최저가)가 나타나는 양초 또는 봉 모양의 차트
2. 캔들차트의 패턴: 양봉, 음봉, 상승반전형, 하락반전형, 추세지속형 등이 있다.

이동평균선

오늘의 주식 공부 POINT
- 이동평균선이 무엇인지에 대해 알아보자.
- 이동평균선을 통해 매매의 기술을 배워보자.

이동평균선은 주가의 흐름을 볼 수 있는 선입니다. 보통의 경우 평균 주가를 산출해서 선으로 표시하는데 주가의 방향성과 변곡점을 쉽게 알 수 있어 많은 사람들이 살펴보는 자료입니다. 다만, 과거의 주가를 토대로 만든 차트이기 때문에 미래를 예측하는 데는 한계가 있으므로 어디까지나 추세를 살펴보는데 활용하면 좋습니다.

주가 이동평균선

이동평균선은 기간에 따라 5일선, 10일선, 20일선, 60일선, 120일선, 200일선 등으로 구분합니다. 이 기간은 투자자에 따라 임의로 변경할 수 있으며, 일반적으로는 5일, 20일, 60일, 120일 이동평균선을 가장 많이 살펴봅니다.

5일선

일주일 동안의 평균 매매 가격으로 단기 매매선입니다. 5일선의 경우 단기 추세 파악에서 중요한 의미를 가집니다.

20일선

1개월 동안의 평균 매매 가격으로 중기 매매선입니다. 20일선은 단기 흐름을 파악하는 데 매우 중요한 의미가 있어 심리선, 생명선이라고도 부릅니다. 흔히 상승 추세가 살아 있는지를 살펴볼 때 20일선을 가지고 판단하는 경우가 많습니다. 20일선의 기울기가 상승 방향이라면 매수 전략을, 하락 방향이라면 매도 전략을 펼칩니다.

60일선

3개월 동안의 평균 매매 가격으로 중기 매매선입니다. 추세선, 수급선이라고도 부릅니다. 수급선이라고 부르는 이유는 60일 이동평균선의 방향이 수급에 영향을 많이 받기 때문입니다.

120일선

6개월 동안의 평균 매매 가격으로 장기적 추세선, 경기선이라고 부릅니다. 일반적으로 주식은 6개월 정도 경기를 선행한다고 보는데, 이러한 것을 반영하는 이동평균선입니다. 주식시장이 본격적으로 상승장에 진입했는지, 하락장에 진입했는지를 판단할 때 보는 이동평균선입니다.

이동평균선을 통한 분석 방법

이동평균선을 가지고 주식을 분석할 때는 가장 먼저 이동평균선이 상승하는지, 하락하는지를 살펴보아야 합니다. 상승장에서는 5일 → 20일 → 60일 → 120일 순서로 기간이 짧은 이동평균선부터 상승하기 시작합니다. 하락장에서도 마찬가지로 5일 → 20일 → 60일 → 120일 순서로 기간이 짧은 순서로 하락합니다.

이때 이동평균선들을 보면서 정배열인지 역배열인지를 분석해야 합니다. 정배열은 위부터 '현재 주가 → 단기 이동평균선 → 중기 이동평균선 → 장기 이동평균선' 순서로 배열된 것이며, 역배열은 맨 위부터 '장기 이동평균선 → 중기 이동평균선 → 단기 이동평균선 → 현재 주가' 순서를 이룹니다.

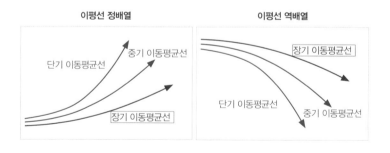

정배열과 역배열이 의미를 갖는 이유는 이동평균선이 지지선

과 저항선의 역할을 하기 때문입니다. 예를 들어 5일 이동평균
선이 10만 원이라고 하면 5일 동안의 평균 매매 단가가 10만 원
이라는 것을 의미합니다. 현재 주가가 10만 원 아래로 하락할 경
우 매수자들은 손실을 보지 않기 위해 10만 원을 지키려고 노력
하고 여기서 지지선이 만들어집니다. 주가가 9만 원이 되어서
다시 상승하기 시작한다면, 10만 원에 샀던 사람들은 본전을 찾
으려고 매도하기 때문에 10만 원을 뚫고 상승하는 데 저항이 생
기는 저항선이 됩니다. 이 때문에 정배열이 형성되면 저항선이
사라져 주가는 지속적인 상승을 기대해볼 수 있습니다. 반대로
역배열이 되면 지지선이 없어지기 때문에 어디까지 하락할지 예
상할 수 없게 됩니다.

두산중공업의 차트를 한번 살펴보면, 5월 20일경부터 이동평

균선이 정배열이 되었음을 확인할 수 있습니다. 이동평균선이 정배열을 이루면 상당한 기간 동안 상승하는 경우가 많습니다. 실제로 두산중공업의 주가를 살펴보면 정배열을 이룬 후 주가가 지속적으로 상승한 것을 확인할 수 있습니다.

이동평균선을 분석하다 보면 단기 이동평균선이 장기 이동평균선을 아래에서 위로 뚫고 상승하는 모습이나 아래로 뚫고 하락하는 모습을 볼 수 있는데 이는 중요한 신호이므로 잘 살펴보아야 합니다.

먼저 단기 이동평균선이 장기 이동평균선을 아래에서 위로 뚫고 상승하는 것을 골든크로스라고 부릅니다. 이것은 주가가 하락 추세에 있다가 상승 추세로 전환될 때 나오는 신호이기 때문에 매수 신호로 봅니다. 반대로 단기 이동평균선이 장기 이동평균선을 위에서 아래로 뚫고 하락하는 것을 데드크로스라고 합니다. 이것은 주가가 상승 추세에 있다가 하락 추세로 전환될 때 나오는 신호이기 때문에 매도 신호로 해석합니다.

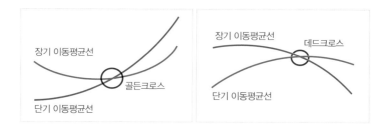

네이버의 주가를 살펴보겠습니다. 4월 20일경 5일선이 20일

NAVER 035420 코스피 2021.06.23 기준(장마감) 실시간 기업개요 ▾

423,500
전일대비 ▲32,500 +8.31%

전일 391,000　고가 427,000 (상한가 508,000)　거래량 2,687,256
시가 393,000　저가 392,500 (하한가 274,000)　거래대금 1,121,836 백만

선차트 1일 1주일 3개월 1년 3년 5년 10년　　봉차트 일봉 **주봉** 월봉

■5 ■20 ■60 ■120

최고 427,000 (06/23)

446,205
423,835
401,464
379,093
356,723
334,352
311,981

최저 334,500 (05/13)

거래량

03/30　04/08　04/19　04/28　05/10　05/20　05/31　06/09　06/18

선과 60일선을 뚫고 하락하면서 데드크로스가 발생했습니다. 그 후 20일선 역시 60일선을 뚫고 하락하는 데드크로스가 또다시 나타났고 네이버의 주가는 한동안 하락했습니다.

이동평균선을 통한 투자 전략

이동평균선을 이용해 투자 전략을 세워본다면 다음과 같이 정리해볼 수 있습니다.

1. 단기 이동평균선이 중장기 이동평균선을 급격히 상향 돌파하는 경우에는 매수 신호이며, 반대로 급격히 하향 돌파하는 경우에는 매도 신호입니다.

2. 이동평균선이 정배열이면 상승 국면, 역배열이면 하락 국면입니다.

3. 정배열 상태에서 상당 기간 단기 이동평균선이 더 이상 상승하지 못하면 매도 신호이며, 역배열 상태에서 상당 기간 단기 이동평균선이 더 이상 하락하지 않으면 매수 신호입니다.

오늘의 주식 공부 SUMMARY
이동평균선에 대해 알아야 할 것

1. 이동평균선은 5일선, 20일선, 60일선, 120일선 등이 있다.
2. 위부터 단기, 중기, 장기 이동선이 배열되어있으면 정배열, 반대로 장기, 중기, 단기 이동선이 배열되어 있으면 역배열이라고 한다.
3. 단기 이동평균선이 장기 이동평균선을 상향 돌파하는 골든크로스가 나오면 주식을 매수하고, 단기 이동평균선이 장기 이동평균선을 하향 돌파하는 데드크로스가 나오면 주식을 매도한다.

추세 분석

오늘의 주식 공부 POINT
- 추세란 무엇인지에 대해 공부해보자.
- 추세 분석을 통한 매매 기법을 익혀보자.

추세 분석이란 주가가 일정 기간 같은 방향으로 움직이는 성질을 분석해 주가의 방향을 예측하는 기법입니다. 주식투자를 몇 번 해보면 오르는 주식이 더 올라가고, 하락하는 주식은 더 하락하는 것을 발견할 수 있습니다. 이런 주식시장의 성질을 이용하여 주식투자를 한다면 실패할 확률을 줄일 수 있습니다.

추세선의 유형

추세의 방향에 따라 상승추세선, 하락추세선, 수평(횡보)추세선으로 구분합니다.

상승추세선

상승추세선은 고점과 저점이 우상향하는 것을 말합니다. 2개의 저점을 연결하여 상승추세선을 그리는데 아래 그림에서는 A, B를 연결한 선이 상승추세선이 됩니다.

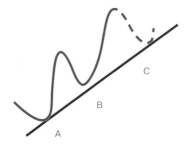

상승추세선

하락추세선

하락추세선은 고점과 저점이 우하향하는 것을 말합니다. 2개의 고점을 연결하여 하락추세선을 그리는데 a, b를 연결한 선이 하락추세선이 됩니다.

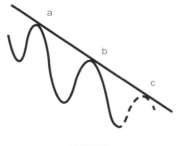

하락추세선

수평(횡보)추세선

수평추세선은 고점과 저점이 큰 변화 없이 횡보하는 것을 말합니다.

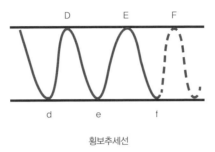

횡보추세선

추세대의 개념과 분석법

주가 차트에서 추세선을 그리다 보면 고점과 고점을 이은 선과 저점과 저점을 이은 선 사이에 통로가 생기는데, 이를 추세대라고 합니다.

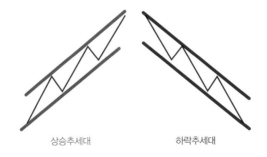

상승추세대   하락추세대

주가는 이런 추세대의 사이에서 움직이는 경향이 있습니다. 추세대의 이러한 성질을 이용하여 추세대 안에서 주가가 하단에 오면 매수하고 상단에 도달하면 매도하는 시점을 잡는 데 도움을 받을 수 있습니다.

물론 추세대는 단기 차트, 중기 차트, 장기 차트에서 어떻게 그리느냐에 따라 제각각입니다. 많이 그려서 적합한 추세대를 찾고, 기존에 사용하던 추세대가 잘 맞지 않으면 또다시 다른 추세대를 찾는 것이 중요합니다.

추세선을 이용한 매매 전략

추세선을 이용한 매매 전략에는 크게 3가지가 있습니다.

상승추세에서 매매전략

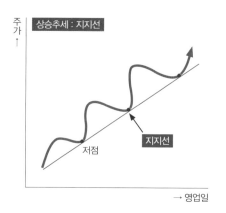

저점과 고점이 높아지는 상승 추세에서는 저점들을 이은 지지선이 중요합니다. 오르락내리락하는 주가가 저점들을 이은 지지선에 맞닿는 경우, 주가는 다시 상승을 하거나 지지선을 뚫고 하락할 수 있습니다. 이때 지지선을 뚫고 추세를 이탈할 경우 주식을 매도합니다.

하락추세에서의 매매 전략

고점과 저점이 낮아지는 하락 추세에서는 고점을 이은 저항선이 중요합니다. 주가가 저항선에 맞닿은 경우 저항선을 뚫고 상승할 수도 있고, 다시 하락할 수도 있습니다. 가격이 저항선을 뚫지 못하고 다시 하락하는 경우 주식을 매도합니다.

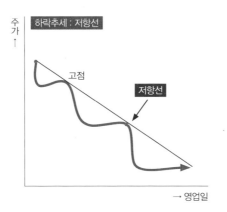

횡보추세에서의 매매 전략

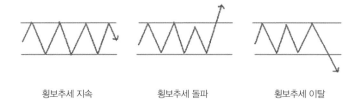

횡보추세 지속   횡보추세 돌파   횡보추세 이탈

횡보추세대에서는 고점과 저점이 수평을 유지합니다. 주가는 일정한 범위 안에서 오르락내리락을 반복할 뿐 특정한 방향성을 가지고 움직이지는 않습니다.

횡보추세대에서는 고점들을 이은 저항선을 뚫고 상승하는지, 저점들을 이은 지지선을 뚫고 하락하는지를 잘 관찰해야 합니다. 새로운 추세가 만들어질 수 있기 때문입니다. 저항선을 뚫고 상승한다면 매수를 하고, 지지선을 뚫고 하락한다면 매도를 합니다.

네이버 증권에서 추세선 그리는 법

네이버 증권에서는 직접 추세선을 그릴 수 있는 서비스를 제공하고 있습니니다. 내가 원하는 종목을 내가 원하는 대로 그릴 수 있습니다.

추세선은 그리는 사람에 따라 달라질 수 있습니다. 어떻게 그리든 의미 있는 2개의 저점 혹은 고점을 찾아 선을 잘 긋는 것이 중요합니다. 차트도 일봉으로 보느냐, 주봉으로 보느냐, 월봉으로 보느냐, 기간을 어디서부터 보느냐에 따라 추세선은 제각기 다른 모양이 나타나므로 계속 추세선을 그려보면서 고민해야 합니다. 다음은 추세선 그리는 법입니다.

STEP 1. 관심 종목의 차트를 검색합니다.

STEP 2. 도구를 선택합니다.

STEP 3. 추세선을 그립니다.

오늘의 주식 공부 SUMMARY
추세 분석 시 알아야 할 것

- 추세 분석: 주가가 일정 기간 같은 방향으로 움직이는 성질을 분석해 주가의 방향을 예측하는 기법
- 추세선을 활용해 지지선과 저항선을 그린 뒤, 주가가 지지선을 뚫고 하락하면 주식을 매도하고 저항선을 뚫고 상승하면 주식을 매수한다.
- 횡보 추세에서는 지지선과 저항선을 잘 지켜보며 주가의 움직임을 관찰한다.

볼린저밴드의
개념과 활용법

오늘의 주식 공부 POINT
- 볼린저밴드가 무엇인지에 대해 개념을 이해해보자.
- 네이버 증권을 통해 볼린저밴드를 활용해보자.

볼린저밴드는 미국의 투자전문가 존 볼린저가 만든 주가 변동 지표입니다. 볼린저밴드는 표 준편차라는 개념을 알아야 하는데, 표준편차는 쉽게 이야기하면 평균에서 흩어져 있는 정도를 말합니다. 즉, 주가가 불규칙적으로 움직이기는 하지만 일정 범위 내에서 움직인다는 것을 전제로 합니다. 표준편차라고 해서 복잡한 수학을 써야 할 것 같지만 네이버 증권에서 간단하게 볼린저밴드를 이용할 수 있으니 소개해보고자 합니다. 복잡한 수식을 몰라도 개념 정도만 알면 유용하게 활용할 수 있는 지표입니다.

네이버에서 볼린저밴드 이용하는 법
STEP 1. 네이버 증권에 들어가서 원하는 종목을 검색합니다.

STEP 2. 차트 탭을 눌러서 보조지표를 클릭합니다.

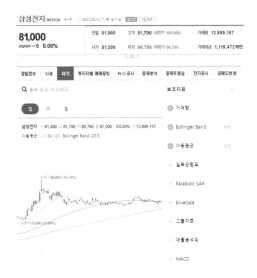

STEP 3. 보조지표에서 볼린저밴드를 선택하면 차트에 볼린
저밴드가 그려집니다.

볼린저밴드 이해하기

먼저 간단한 볼린저밴드의 구조에 대해 알아야 합니다. 볼린
저밴드는 추세중심선, 상한선, 하한선으로 구성되어 있습니다.
볼린저밴드를 적용해보면 주가를 중심으로 색이 칠해지는 범위
가 표시됩니다. 윗선이 상한선, 아랫선이 하한선이 됩니다. 볼린
저밴드는 이 상한선과 하한선을 경계로 주가가 움직인다는 것을
전제합니다. 주가가 상한선에 근접하면 현재의 주가가 높다는
것을 의미하고, 하한선에 근접하면 현재의 주가가 낮음을 알 수

있습니다. 우리는 볼린저 밴드를 보고 주식의 매수/매도 타이밍을 정할 수 있습니다.

볼린저밴드의 한계

볼린저밴드는 시각적으로 매수/매도 타이밍을 보여주기 때문에 주가가 현재 높은 상태인지, 낮은 상태인지를 쉽게 알 수 있습니다. 볼린저밴드에서는 주가가 밴드 안에서 움직일 확률을 95.44%로 설정하기 때문에 대부분의 주가 흐름을 예측할 수 있지만, 거꾸로 이야기하면 밴드를 이탈한 가능성이 4.56%라는 것을 의미합니다. 즉, 변동성이 큰 주식의 경우에는 볼린저밴드를 이탈하는 경우가 많습니다. 따라서 볼린저밴드를 활용할 때는 주가의 변동성이 크지 않은 종목에 적용하는 것이 좋습니다.

오늘의 주식 공부 SUMMARY
볼린저밴드 활용법

- 주가의 변동 폭이 적은 종목이 볼린저밴드를 활용하기 좋다.
- 주가가 볼린저밴드 상단에 다다르면 주식을 매도하고, 볼린저밴드 하단에 다다르면 주식을 매수한다.

5장

네이버 증권으로
좋은 종목 찾아보기

네이버 증권으로
기본 정보 확인하기

오늘의 주식 공부 POINT
● 네이버 증권을 이용하는 방법을 배워보자.

　　우리나라 국민 대부분이 사용하는 네이버에서는 주식투자자를 위해 증권 정보를 제공하고 있습니다. 네이버 증권에서 제공하는 정보만 잘 활용해도 성공적인 투자를 할 수 있습니다.

네이버 증권 100% 활용하기

　　네이버 홈 화면에서 검색창 하단을 쭉 살펴보면 '증권' 메뉴가 있습니다.

'증권'을 선택하면 네이버 금융 홈 화면이 뜨는데 주식투자를 하는 데 필요한 정보들을 많이 제공하고 있으니 구석구석 함께 살펴보도록 하겠습니다.

❶ 네이버 금융 홈 메뉴

네이버 금융 홈에서 제공하는 주요 카테고리가 나열되어 있습니다. 금융 홈, 국내증시, 해외증시, 시장지표, 펀드, 리서치, 뉴스, MY 메뉴가 있습니다.

❷ 주요 뉴스

주식투자와 관련된 주요 뉴스를 매일매일 제공합니다. 증시에서 지금 어떤 뉴스들이 주요하게 다뤄지고 있는지 알 수 있습니다.

❸ TOP 종목

특정 기준을 가지고 주식의 순위를 매겨 정보를 제공합니다. 거래 상위, 상한가, 하한가, 시가총액 상위 4가지 기준을 가지고 정리한 TOP 주식들을 볼 수 있습니다.

❹ 오늘의 증시

코스피와 코스닥 지수를 실시간으로 보여줍니다. 개인, 외국인, 기관의 수급 상황도 함께 볼 수 있어 오늘 시장의 분위기가 어떤지, 누가 사고 누가 파는지를 알 수 있습니다.

❺ 업종 상위

업종별 시세를 보여줍니다. 어떤 업종이 가장 많이 오르고 있는지, 그 업종에 속한 주식 중에서 상위 2개 종목의 등락을 보여줍니다.

❻ 테마 상위

테마별로 시세를 보여줍니다. 어떤 테마가 가장 많이 오르고 있는지, 그 테마에 속한 주식 중에서 상위 2개 종목의 등락을 보여줍니다.

❼ 해외증시

해외증시 상황을 한눈에 보여줍니다. 우리나라 사람들이 많은 관심을 가지고 있는 다우산업, 나스닥, 홍콩H, 상해종합, 니케이225 지수를 볼 수 있습니다.

❽ 인기 검색 종목

사람들이 검색을 많이 하는 종목 5가지를 보여줍니다.

네이버 증권만 잘 활용해도 필요한 정보를 얻을 수 있다

많은 사람들이 증권사의 HTS나 MTS에서 투자하려는 종목의 정보를 찾으려고 합니다. 하지만 너무나도 많은 정보와 복잡한 화면에 금방 포기하고 맙니다. 네이버 증권을 잘 이용하면 꼭 필요한 정보들을 손쉽게 얻을 수 있습니다. 국내주식에 대한 뉴스,

증권사 리포트, 종목토론방, PER, PBR 등 재무비율을 순위별로 정리해서 보여주는 서비스까지, 네이버 증권만 꼼꼼히 봐도 얻을 수 있는 정보입니다. 지나치기 쉬운, 그러나 알아두면 굉장히 유용한 네이버 증권을 이용하는 방법을 잘 숙지한다면 투자에 필요한 기본적인 정보를 놓치지 않을 것입니다.

오늘의 주식 공부 SUMMARY

성공적인 투자를 하고 싶다면?

네이버 증권 화면을 구석구석 익숙해질 때까지 자주 살펴보자.

우리나라에서 배당을 가장 많이 주는 기업은 어디예요?

오늘의 주식 공부 POINT
- 네이버 증권을 활용하여 우리나라에서 배당을 많이 하는 기업들을 찾아보자.
- 배당주 투자 시 살펴봐야 할 것은 무엇인지 알아보자.

종목을 고르는 데는 여러 가지 기준이 있습니다. 기업의 성장성을 보는 사람이 있고, 기업의 자산을 보는 사람도 있습니다. 어떤 기준이 옳다 그르다고 이야기할 수 없는 것이 투자의 세계이지만, 이것저것 따지다 보니 무엇이 좋은 기업인지 모르겠다는 사람들에게 투자의 기준 하나를 제시해보고자 합니다. 바로 배당입니다.

배당은 거짓말을 하지 않는다

기업이 벌어들인 이익을 주주들에게 나눠주는 것을 배당이라고 합니다. 돈을 나눠주면 현금배당, 주식을 나눠주면 주식배당이라고 하는데 대부분 현금배당을 합니다. 기업이 배당을 할 수 있다는 것은 크게 3가지 의미입니다.

1. 돈을 잘 벌고 있다

기업이 영업을 잘하지 못해서 이익을 내지 못했다면 주주들에게 나눠줄 돈이 없을 것입니다. 배당을 한다는 것, 특히 시중 금리 이상의 배당을 할 수 있다는 것은 그만큼 수익을 잘 내고 있다는 의미입니다.

2. 안정적인 수익 창출이 가능하다

경쟁이 치열하고 산업의 업황이 예측 불가라면, 한 해 동안 이익을 많이 냈다 하더라도 그 돈을 선뜻 주주들에게 나눠줄 수 없을 것입니다. 다음 해에는 어떻게 될지 모르기 때문입니다. 배당을 많이 하는 기업들은 보통 안정적인 산업에서 꾸준한 이익을 창출하고 있거나 급변하는 산업에서도 시장을 지배하고 있는 경우가 많습니다.

3. 주주를 우대한다

이익을 많이 냈다 하더라도 배당을 하지 않는 기업이 많습니다. 기업의 주요 주주가 오너 일가인 경우가 많은데, 자신이 아닌 다른 주주들에게 회삿돈을 나눠주기가 싫은 것입니다. 배당을 많이 할수록 주주 친화적이며 주주들을 주인으로 우대하는 기업이라고 볼 수 있습니다.

우리나라에서 배당수익률이 가장 높은 기업을 어떻게 찾을 수 있을까?

❶ 네이버 금융 홈 메뉴에서 국내증시를 클릭합니다.

❷ 왼쪽 메뉴에서 배당을 선택합니다.

❸ 수익률(%) 항목을 선택해서 수익률 높은 순으로 정렬합니다.

| 배당

전체　코스피　코스닥

❸

종목명	현재가	기준월	배당금	수익률 (%)	배당성향 (%)	ROE (%)	PER (배)	PBR (배)	과거 3년 배당금		
									1년전	2년전	1년전
베트남개발1	239	20.02	90	37.48	-	-	-	-	4	199	90
서울가스	103,500	20.12	16,750	16.18	49.66	13.14	3.45	0.34	1,750	1,750	1,750
한국패러랩	1,995	20.12	235	11.78	-	-	-	-	165	200	205
리드코프	8,600	20.12	800	9.30	44.64	11.78	4.03	0.44	150	150	200
대신증권우	16,150	20.12	1,250	7.74	54.29	7.35	7.61	0.42	1,050	670	660
대신증권2우B	15,800	20.12	1,200	7.59	54.29	7.35	7.61	0.42	1,000	620	610
에이리츠	9,610	20.12	674	7.02	42.57	19.50	4.33	0.79	373	277	86
동아타이어	11,450	20.12	800	6.99	82.38	3.68	10.17	0.37	500	300	0
NH투자증권우	10,800	20.12	750	6.94	36.51	10.32	5.88	0.58	550	550	550
메리츠화재	18,750	20.12	1,280	6.83	35.04	16.91	3.88	0.64	850	820	1,140

네이버 증권 배당주 용어 공부하기

네이버 증권을 보면 다양한 용어들이 나옵니다. 각각의 용어들이 어떤 의미를 가지고 있는지 알아두면 더 좋은 배당주를 찾는 데 도움이 될 것입니다.

| 배당

종목명	현재가	기준월	배당금	수익률 (%)	배당성향 (%)	ROE (%)	PER (배)	PBR (배)	과거 3년 배당금 1년전	과거 3년 배당금 2년전	과거 3년 배당금 3년전
베트남개발1	239	20.02	90	37.48	-	-	-	-	4	199	90
서울가스	103,500	20.12	16,750	16.18	49.66	13.14	3.45	0.34	1,750	1,750	1,750
한국패러랠	1,995	20.12	235	11.78	-	-	-	-	165	200	205
리드코프	8,600	20.12	800	9.30	44.64	11.78	4.03	0.44	150	150	200
대신증권우	16,150	20.12	1,250	7.74	54.29	7.35	7.61	0.42	1,050	670	660
대신증권2우B	15,800	20.12	1,200	7.59	54.29	7.35	7.61	0.42	1,000	620	610
에이리츠	9,610	20.12	674	7.02	42.57	19.50	4.33	0.79	373	277	86
동아타이어	11,450	20.12	800	6.99	82.38	3.68	10.17	0.37	500	300	0
NH투자증권우	10,800	20.12	750	6.94	36.51	10.32	5.88	0.58	550	550	550
메리츠화재	18,750	20.12	1,280	6.83	35.04	16.91	3.88	0.64	850	820	1,140

- 현재가: 현재의 주가

- 기준월: 배당금 지급 기준 시기

- 배당금: 기업에서 지급한 배당금액

- 수익률: 현재 주가 대비 배당금의 비율

- 배당 성향: 기업의 이익 중 배당금이 차지하는 비율

- 과거 3년 배당금: 과거 3년간의 배당금

배당주 투자 시 주의할 점

네이버 증권을 이용하면 배당수익률이 높은 순으로 종목들을

정리해서 한눈에 볼 수 있기 때문에 배당주 투자를 하기가 굉장히 편리합니다. 그렇다면 배당수익률이 가장 높은 기업에 투자하면 되는 걸까요? 아닙니다. 배당수익률이 높다고 무조건 좋은 것만은 아닙니다. 배당수익률이 아무리 높아도 주가가 오르지 않거나 오히려 하락하면 그보다 더 큰 손실을 볼 수 있습니다. 또 배당을 꾸준히 하지 않고 1년 전에만 특별히 많이 했을 수도 있죠. 배당주에 투자를 할 때는 2가지를 꼭 확인하는 것이 좋습니다.

앞으로도 꾸준히 돈을 벌 수 있는 기업인가?

배당수익률이 높은 기업들을 우선적으로 살펴보되, 그 기업들이 어떤 사업을 해서 돈을 버는지를 꼭 확인해야 합니다. 그 산업의 전망은 어떤지, 경쟁 상황은 어떤지, 돈은 꾸준히 벌어왔는지 등을 살펴보는 것입니다. 금융감독원 전자공시시스템 'II. 사업의 내용'을 보면 대략적인 상황을 알 수 있습니다.

꾸준히 배당해왔는가?

1년 전에만 특정한 사유로 배당을 많이 했을 수도 있습니다. 예를 들면 그 기업의 지분을 많이 보유하고 있는 오너 일가가 급하게 돈이 필요하면 갑작스럽게 배당을 많이 할 수도 있습니다. 그래서 최소 지난 3년간 꾸준히 배당을 해왔는지를 살펴봐야 합니다. 3년간 꾸준히 일정 금액을 배당했다면 특별한 사정이 없는 한 앞으로도 그 정도의 배당을 할 가능성이 높습니다.

이런 기준에 부합하는 배당주를 찾았다면 이제 매수하면 됩니다. 다만 한 가지 덧붙이자면, 배당은 1년 내내 그 주식을 가지고 있어야 배당금을 지급하는 것이 아닙니다. 배당기준일에 주식을 가지고 있으면 배당금을 받을 수 있습니다. 보통은 12월 말일이 기준일인 경우가 많습니다. 그런데 주식은 매수 체결이 되고 나서 3거래일이 지나야 내 것이 되기 때문에 '배당기준일 − 3일'에 주식을 가지고 있는 사람이 배당금을 받게 됩니다. 단 하루만 가지고 있어도 배당금을 받을 수 있기 때문에 그 기준일에 맞춰 고배당주의 종목을 샀다가 기준일이 지나면 바로 팔아버리는 투자자들도 많습니다. 이 때문에 고배당주는 배당기준일이 가까워지면 주가가 오르다가 지나고 나면 하락하는 모습을 보이곤 합니다.

오늘의 주식 공부 SUMMARY
배당을 잘한다는 것의 의미

1. 돈을 잘 벌고 있다.
2. 안정적인 수익 창출이 가능하다.
3. 주주를 우대한다.

배당주 투자 시 주의할 점

1. 앞으로도 꾸준히 돈을 벌 수 있는 기업인가?
2. 꾸준히 배당을 해왔는가?

테마주
전기차가 잘나간다던데
어떤 기업들이 있나요?

오늘의 주식 공부 POINT
● 네이버 증권을 이용하여 테마주에 대해 알아보자.

대통령 선거가 가까워지면 특정 주식들이 2배, 3배, 심지어는 10배까지 오르는 모습을 볼 수 있습니다. 모 대통령 후보와 고등학교 동창이라든지, 모 대통령 후보와 어디서 만찬을 했다든지 등등 다양한 이유로 주가가 움직이는데 이처럼 특정 현상이나 이벤트에 따라 주가의 움직임이 활발해지는 종목들을 테마주라고 합니다. 네이버 증권에서는 사람들이 많이 찾는 다양한 테마들을 묶어서 정보를 제공하고 있습니다.

네이버 증권에서 테마주 찾아보기
❶ 네이버 금융 홈 메뉴에서 국내증시 클릭하기

➋ 왼쪽 메뉴에서 테마 선택하기

➌ 관심 있는 테마명 찾기

❹ 관심 있는 테마의 주도주 살펴보기

테마주 투자법
....

테마주는 크게 2가지 종류로 구분됩니다. 단순 이슈와 관련된 테마주와 실적과 관련된 테마주입니다. 단순 이슈와 관련된 테마주는 특정 이벤트가 있을 때 부각되는 테마주입니다. 가장 대표적인 것이 앞서 언급했던 대선 테마주입니다. 대통령 후보와 특정 관계에 있다든지, 어떤 인연이 있다는 이유로 그 후보의 테마주로 분류됩니다. 네이버에서 '대선 후보 이름 + 테마주'라고 검색하면 관련주들이 나옵니다. 이렇게 분류되는 테마주들은 보통 실적과 상관없이 주가가 요동칩니다. 해당 이슈에 뭔가가 나오면 주가가 올라가기도 하고 떨어지기도 합니다. 대선 테마주의 경우 보통 후보자의 여론조사 지지율에 따라 등락이 결정됩니다. 이런 테마주들은 보통 시가총액이 크지 않고 재무비율이 매력적이지 않은 경우가 많습니다. 대선이 끝나면 주가는 원상태로 돌아가기 때문입니다.

실적과 관련된 테마주는 특정 이슈가 그 기업의 실적과 직접적으로 연결되는 것입니다. 대표적인 경우가 코로나19 진단 키트를 개발한 씨젠이라는 기업입니다. 코로나19 진단 키트 수요가 전 세계적으로 급증하면서 씨젠의 매출액과 영업이익은 급격히 높아졌고 이에 따라 주가도 급격한 상승을 보였습니다. 우리가 흔히 관심을 갖는 미래산업 먹거리, 4차산업, 자동차 배터리 등이 실적과 관련된 테마주입니다. 특정 테마가 지속적으로 관심을 받고 산업이 점점 커지면서 경쟁력을 확보한 종목이라면 주가가 상승할 가능성이 높습니다.

테마주 투자 시 주의사항

테마주에 투자할 경우에는 남들보다 한 발짝 앞서서 이슈를 분석하고 예측하는 것이 중요합니다. 이미 뉴스가 나오고 기사가 도배되는 순간 주가는 이미 많이 올라 있기 때문입니다. 주식농부로 유명한 박영옥 씨는 이명박 대통령이 후보였을 때 4대강 자전거길을 만든다는 정책을 보고 자전거 테마주에 투자하기로 결심했습니다. 실제로 삼천리자전거 주식을 샀고 이명박 후보가 대통령에 당선되면서 자전거와 관련된 정책들이 시행되자 큰 수익을 얻었습니다.

과거 대통령 후보로 거론되었던 유시민 씨는 한 인터뷰에서 이렇게 말한 적이 있습니다. 유시민 테마주라고 해서 봤더니 나도 전혀 모르는 기업과 연결되어 있었다고 말입니다. 이처럼 테마주는 작전세력들의 장난인 경우가 많아 매우 위험한 투자입니다. 테마주 투자를 하더라도 항상 기업의 재무 상황을 살펴보고 그 기업의 실적과 관련이 있는지를 살펴봐야 합니다. 풍문으로 떠도는 뉴스를 보고 테마주에 접근했다가는 큰 손실을 볼 가능성이 높습니다.

오늘의 주식 공부 SUMMARY
테마주의 종류

1. 단순 이슈 테마주
2. 실적과 관련된 테마주

전문가 리포트와
산업 리포트로 종목 찾기

오늘의 주식 공부 POINT
● 전문가 리포트를 보는 방법을 익혀보자.
● 산업 리포트로 관심 있는 종목을 찾는 법을 익혀보자.

많은 사람들이 주식투자를 하는 데 있어서 가장 중요한 것을 꼽으라고 하면 정보라고 말할 것입니다. 실제로 개인투자자들이 불리한 이유로 '정보의 부족'을 많이 꼽는데요. 이런 정보의 부족을 만회할 수 있는 방법이 있습니다. 바로 증권사 애널리스트들이 발행한 리포트를 보는 것입니다. 네이버 증권과 한경컨센서스를 통해 일반인들도 누구나 증권사 애널리스트의 리포트를 볼 수 있습니다.

네이버 증권에서 전문가 리포트 보기
❶ 네이버 금융 홈 메뉴에서 리서치 선택하기

❷ 내가 원하는 리서치 찾기

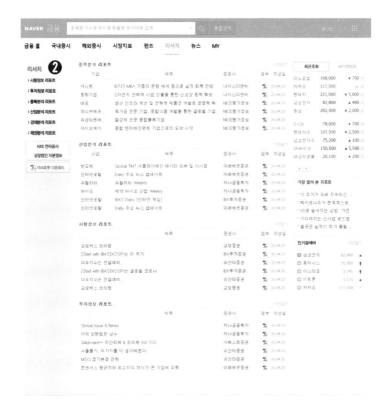

네이버 리서치에서는 6가지 종류의 리포트를 제공하고 있습니다.

시황정보 리포트

시장 상황에 대한 리포트입니다. 다우지수가 전일 대비해서 올라갔는지 내려갔는지, 코스피의 현재 상황은 어떤지, 코스닥은 왜 오르고 있는지 등과 같은 시장을 분석한 리포트들이 있습니다.

투자 정보 리포트

투자를 하는 데 중요한 정보들이 담긴 리포트입니다. 수출물가가 어떤지, 팬데믹 이후 중국의 상황은 어떤지, 은퇴 자산이 주식형으로 몰리고 있다든지, 투자에 도움이 될 만한 여러 가지 리포트들이 있습니다.

종목 분석 리포트

투자하려는 기업들의 정보가 담긴 리포트입니다. 각 증권사별로 해당 기업을 분석해놓은 리포트들이 있으며, 같은 기업이라도 증권사 애널리스트마다 조금씩 견해가 다른 경우도 있습니다. 다양한 관점이 담긴 리포트들을 읽고 자신만의 투자 판단을 내리면 됩니다.

산업 분석 리포트

산업별로 현재 이슈가 되고 있거나 앞으로의 전망 등을 다룬 리포트입니다. '반도체/유틸리티/통신/바이오/디스플레이' 등과 같이 개별 기업의 관점이 아닌 산업 전체의 측면에서 어떤 방향으로 변화하고 해당 산업의 기업들은 어떻게 하고 있는지를 조

망할 수 있습니다.

경제 분석 리포트

국내외 경제 이슈를 분석해놓은 리포트입니다. 인플레이션이라든지, 국내 취업자 수라든지, 미국의 주택 건축 허가와 주택 착공 건수라든지, 경제의 다양한 수치, 현황, 전망 등을 살펴볼 수 있습니다.

채권 분석 리포트

국내외 채권과 관련된 리포트입니다. 미국 국채 금리라든가 금융채, 회사채 등 채권과 밀접한 정보들이 있습니다.

한경컨센서스에서 전문가 리포트 보는 법

네이버 증권의 리서치에서도 리포트를 볼 수 있지만 한경컨센서스에서도 전문가들의 리포트를 볼 수 있습니다. 네이버 증권 리서치에 모든 리포트가 올라오는 것은 아니기 때문에 한경컨센서스에서도 리포트를 찾아보는 것이 좋습니다.

❶ 네이버에서 한경컨센서스 검색하기

❷ 한경컨센서스에서 필요한 리포트 검색하기

　　한경컨센서스는 '기업/산업/시장/파생/경제/상향/하향/기업
정보' 메뉴로 구분해서 리포트를 제공하고 있습니다.

개별 증권사에서 리포트를 찾아보자

네이버 증권의 리서치나 한경컨센서스를 통해 모든 리포트를 볼 수 있는 것은 아닙니다. 일부 리포트는 해당 증권사 홈페이지에 접속해야 확인 가능합니다. 따라서 네이버 증권이나 한경컨센서스를 통해 내가 찾는 리포트가 검색되지 않는다면 증권사의 홈페이지를 찾아보는 것이 좋습니다.

네이버 증권 리서치로 나무보다는 숲을 먼저 보자

대부분의 초보투자자들은 아마 투자 종목을 이런 방법으로 찾을 것입니다.

1. 평소 알고 있던 종목을 검색해서 주가를 찾아본다.
2. 관련 종목의 뉴스들을 살펴본다.
3. 전문가 리포트를 찾아서 읽어본다.
4. 해당 기업이 속한 산업의 전망을 본다.

숲보다는 나무를 먼저 보는 방법으로 바텀 업(bottom-up) 방식이라고 합니다. 알고 있는 기업이 많지 않고 전반적인 경제 흐름을 잘 모르는 초보투자자에게는 좋은 방법입니다. 하지만 이런 방법으로 종목을 찾는 데는 장점뿐 아니라 단점도 있습니다. 내가 관심을 가질 만한 기업이 극히 제한적이라는 것입니다. 다른 투자자들보다 시야가 좁으므로 좋지 않은 결과가 나올 가능성이 높습니다. 투자의 선택지 자체가 많지 않기 때문입니다.

이런 문제로 고민하고 있는 투자자들을 위해서 네이버 증권 리서치 메뉴를 활용해 잘나가는 산업을 찾고 그 안에서 투자할 종목이나 아이디어를 얻을 수 있는 방법을 이야기해보고자 합니다. 기존의 방법을 거꾸로 적용하는 톱다운(top down) 방식입니다. 나무보다는 숲을 먼저 보는 것입니다.

산업 리포트로 눈에 띄는 종목 찾아보자

네이버 증권 리서치 페이지에 들어가면 다양한 리포트를 볼 수 있습니다. 그중에서 산업 분석 리포트를 먼저 살펴보면 다양한 산업의 리포트들이 많이 올라와 있습니다. 우리는 이들 리포트들을 전부 보는 것이 아니라 산업별로 모아서 볼 것입니다.

오른쪽 하단에서 증권사를 검색할 수 있는 분류 기준을 선택할 수 있습니다. 제목+내용, 증권사, 기간, 업종, 4가지 기준이 있는데 '업종'을 선택해서 리포트를 검색해봅니다. 건설, 건자재, 광고, 금융, 기계, 휴대폰 등 약 40가지 업종이 구분되어 있는데 그중 알고 싶은 업종 하나를 선택해서 보는 것입니다. 여기서는 '건설' 업종을 선택해보겠습니다. 그러면 건설 업종에 대한 수많은 리포트들이 작성일을 기준으로 정리되어 나옵니다.

2021년 2월 국내 건설 수주 YoY + 16%

2월 주택 공급지표 미분양 감소, 착공 가파르..

건설 건자재 투자 Big Cycle, 초입에 들어서..

아파트 분양, 全盛時代

10월 누적 건설수주 145조 원, 연내 180조 원..

눈에 띄는 제목들 몇 개만 살펴봐도 건설업이 어떤 상황인지 짐작할 것입니다. 국내 건설 수주는 증가하고 있고, 미분양은 감소하고 있고, 건설 건자재 투자는 빅사이클 초입에 들어섰다고 합니다. 그러면 우리는 이제 건설업의 분위기와 실적이 좋을 것이라고 생각할 수 있습니다.

이번에는 항공운송 쪽 산업 분석 리포트를 한번 살펴봅니다.

월별 화물 수송량 사상 최고치 경신

높아지는 화물 호황 지속성

아직까지 기댈 언덕은 화물뿐

변함없는 여객 부진과 화물 호조

여객 부진, 화물 회복 중

코로나19로 항공운송 쪽의 실적은 곤두박질을 쳤는데, 화물 쪽은 서서히 살아나다가 최근 월별 화물 수송량이 사상 최고치를 경신할 정도로 좋아지고 있음을 알 수 있습니다. 여전히 여객 쪽은 눈에 띄는 실적이 나오지 않고 있습니다. 항공운송 쪽에 관심 있는 투자자들은 언제쯤 여객 쪽 실적이 회복될지를 고민하면 항공운송 산업에서 투자 타이밍을 잡을 수 있을 것입니다.

숲을 보았으면 이제 나무를 보자

산업에 대한 리포트들을 통해 전반적인 분위기를 알아보고 투자에 관심이 생긴 산업이 있다면 이제 실제 산업 리포트를 읽어봅니다. 산업 리포트에는 그 산업에 대한 구체적인 상황과 앞으로의 전망이 담겨 있는데 애널리스트가 추천 종목까지 적어놓은 리포트도 종종 있습니다. 전반적으로 분위기가 좋았던 건설업 분석 리포트 중에서 '건설/건자재 투자 Big Cycle, 초입에 들어서다'라는 하나금융투자에서 발행한 리포트를 살펴보겠습니다. 이 리포트를 읽어보면 애널리스트가 현시점에서 가장 좋다고 생각하는 종목을 적어놓았습니다.

리포트의 내용이 어느 정도 일리가 있다면 이 기업들의 종목 리포트를 찾아서 읽어보면 됩니다. 애널리스트마다 생각과 의견이 다르기 때문에 다양한 리포트를 읽는 것이 중요합니다. 애널리스트가 리포트를 쓸 때는 많은 공부와 조사를 하지만 그들의 전망이 모두 맞지는 않습니다. 그리고 전망이 어긋났다고 해서 투자로 인한 손실을 보전해주지 않습니다. 그러니 자신이 최대한 많은 정보를 습득하고 올바른 판단을 해야 합니다. 투자에 대한 책임은 전적으로 자신이 질 수밖에 없습니다.

오늘의 주식 공부 SUMMARY
네이버 리서치에서 제공하는 리포트

투자 정보, 시황 정보, 종목 분석, 산업 분석, 경제 분석, 채권 분석

산업 리포트의 중요성

산업 리포트의 제목만 살펴봐도 해당 산업의 트렌드를 알 수 있다.

증권사 애널리스트 리포트 구체적으로 보기

오늘의 주식 공부 POINT
● 애널리스트 리포트를 통해 투자 종목을 찾는 과정을 익혀보자.

한 종목에 대해서도 수없이 많은 애널리스트 리포트들이 발행됩니다. 우리는 애널리스트 리포트를 제대로 읽고 투자에 대한 판단을 내려야 합니다. 그렇지 않으면 내 소중한 투자금을 잃을 수 있습니다. 애널리스트 리포트를 어떻게 봐야 하는지 알아보도록 하겠습니다.

애널리스트가 리포트를 쓰는 입장

애널리스트가 쓴 리포트를 제대로 이해하기 위해서는 일단 애널리스트가 어떤 입장에서 리포트를 쓰는지부터 이해해야 합니다. 여기에 대한 이해가 없다면 애널리스트의 리포트를 제대로 볼 수 없습니다. 많은 사람들이 증권사 애널리스트를 떠올리면, 산업이나 기업을 객관적으로 정확하게 조사하고 분석한다고 생각합니다. 하지만 애널리스트도 사람입니다.

예를 들어 내가 A건설을 담당하는 애널리스트라고 해봅시다. A건설의 IR 담당자로부터 정보와 소식을 듣고 궁금한 것들을 물어보면서 리포트를 작성해나갈 것입니다. 다행히 A건설의 실적이 좋고 전망이 좋으면 긍정적인 리포트를 쓸 텐데, 이야기를 들어보니 앞으로 전망이 나빠질 것 같습니다. 여기서 전망이 나쁠 것으로 보인다고 곧이곧대로 "A건설은 앞으로 망할 것으로 보이니 모두 A주식을 파세요"라고 리포트를 쓸 수 있을까요? 그런 리포트를 발행해서 A건설에게 좋지 않은 영향을 준다면 그 후로 A건설 IR 담당자로부터 좋은 정보를 얻거나 궁금증을 해소하기 어려울 것입니다. 따라서 애널리스트의 입장에서는 담당하고 있는 기업의 전망이 부정적이라고 해도 부정적인 리포트를 쓰기가 어려운 것이 현실입니다. 그래서 애널리스트 리포트들을 살펴보면 대부분 해당 기업의 주식을 사라는 'BUY(매수)' 의견을 달고 있습니다. 그래서 '중립' 의견을 내는 리포트가 있다면 이를 부정적인 의견으로 봐야 합니다.

증권사 애널리스트 리포트의 구성

이제 본격적으로 애널리스트의 리포트를 살펴보겠습니다. 애널리스트의 리포트는 증권사마다 조금씩 구성이 다르기는 하지만 전반적으로 비슷합니다.

❷

기업분석 | 자동차/타이어

Analyst
유지웅
02. 3779 8886
jwyoo@ebestsec.co.kr

❶

기아 (000270)

2021년 4월 23일

1Q21 Review: 너무 높았던 실적의 기대감

❸
Buy (maintain)

목표주가	105,000 원	
현재주가	83,400 원	

컨센서스 대비

상회	부합	하회
		●

❹
Stock Data

KOSPI(4/22)	3,177.52 pt
시가총액	338,073 억원
발행주식수	405,363 천주
52주 최고가 / 최저가	101,500 / 27,700 원
90일 일평균거래대금	5,028.95 억원
외국인 지분율	33.6%
배당수익률(21.12E)	1.6%
BPS(21.12E)	83,521 원
KOSPI대비 상대수익률	1개월 −7.8%
	6개월 49.6%
	12개월 126.1%
주주구성	현대자동차 (외 5 인) 35.6%
	국민연금공단 (외 1 인) 8.8%
	기아차우리사주 (외 1 인) 1.3%

❺
Stock Price

❻
1Q21 Review: 영업이익 1.08조원(YoY +142%)으로 컨센 하회

기아의 1Q21 실적은 매출액 16.5조원(YoY +13.8%), 영업이익 1.08조원(YoY +142%)을 기록했다. 영업이익률은 6.5%를 기록해 연간 실적 가이던스 수익성(연간 OPM 5.4%) 대비로는 높으나, 이미 높아진 시장의 기대치를 충족하지 못했다. 전년 동기 대비 비교시 볼륨효과 1,670억원, 믹스/ASP 효과는 +6,790억원 가량 발생했으며, 환율 영향은 −2,090억원이 발생했다.

실적은 어쨌든 우상향: 시장은 단기 실적 이상의 것을 원한다

4∼5월에 걸쳐 반도체 공급부족 영향이 2Q21 실적에 영향을 미칠 전망이나, 실적의 흐름 자세가 뚜렷한 마진개선이라는 관점 자체는 바뀌지 않을 전망이다. 다만 이러한 실적은 현대차그룹내에서 최대 수준에 달하고 있고, 현재 동사의 기업가치에는 현재의 높은 영업이익을 일부 반영하고 있는 것으로 판단된다. 한편 3Q21 부터는 글로벌 전기차 시장이 미국을 중심으로 다시 강한 상승세를 보일 것으로 예상되는 가운데, EV6를 기반으로 한 동사 EV판매 흐름이 향후 기업가치의 강력한 이정표로 작용할 것으로 기대한다.

투자의견 Buy, 목표주가 105,000원 유지

동사에 대해 투자의견 Buy 및 목표주가 105,000원을 유지한다. 고마진 아익흐름이 일시적으로 소강상태를 보일 것으로 예상되는 가운데, 2H21의 EV 모멘텀 강화, PBV 사업 확대 등에 기반한 비중확대 전략이 유효할 것으로 예상한다. 현재주가 수준은 2021년 기준 P/E 기준 7 배에 수준으로 성장성 대비로는 저평가가 상태다.

❼
Financial Data

(십억원)	2019	2020	2021E	2022E	2023E
매출액	58,146	59,168	68,299	72,099	74,983
영업이익	2,010	2,066	4,893	5,326	5,897
세전계속사업손익	2,531	1,841	5,458	5,944	6,619
순이익	1,827	1,488	4,222	4,577	5,097
EPS (원)	4,556	3,710	10,530	11,416	12,712
증감률 (%)	58.0	−18.6	183.8	8.4	11.4
PER (x)	9.7	16.8	7.9	7.3	6.6
PBR (x)	0.6	0.8	1.0	0.9	0.8
EV/EBITDA (x)	3.8	4.9	3.6	3.1	2.5
영업이익률 (%)	3.5	3.5	7.2	7.4	7.9
EBITDA 마진 (%)	7.1	7.2	10.5	10.7	11.3
ROE (%)	6.5	5.1	13.2	12.8	12.7
부채비율 (%)	91.0	102.4	92.9	81.7	70.8

주: IFRS 연결 기준
자료: 기아차, 이베스트투자증권 리서치센터

❶ 종목과 제목

리포트에서 다루고 있는 종목명과 종목 코드가 적혀 있습니다. 또한 리포트 제목을 통해 주된 내용이 무엇인지 알 수 있습니다. 리포트의 내용을 한 줄로 요약해서 쓴 것이라고 생각하면 됩니다.

❷ 애널리스트 프로필

리포트를 작성한 애널리스트의 정보, 즉 이름, 연락처, 이메일, 담당 분야가 적혀 있습니다.

❸ 투자 의견

해당 종목에 대한 애널리스트의 의견이 담겨 있습니다. 매수, 중립, 매도, 3가지 중 하나로 표현되는 경우가 많습니다. 투자 의견에는 목표 주가도 함께 제시되는 경우가 많습니다. 애널리스트가 제시한 목표 주가가 반드시 맞는 것은 아닙니다. 따라서 목표 주가와 현재 주가의 차이가 크다고 해서 투자를 해서는 안 됩니다. 애널리스트의 의견은 참고하는 정도로만 보아야 합니다.

❹ 주식 데이터

코스피, 시가총액, 발행 주식 수, 52주 최고가 최저가, 외국인 지분율 등 그 기업에 대한 기본 정보를 보여줍니다.

❺ 주가 변동

해당 종목의 주가 흐름이 어떻게 변화했는지 그래프로 보여줍니다. 현재 주가가 과거와 비교하여 어떤 상태인지를 알 수 있습니다.

❻ 애널리스트의 의견

리포트의 본문에 해당하는 부분입니다. 해당 종목을 긍정적으로 본다면 왜 긍정적으로 보는지, 부정적으로 본다면 왜 부정적으로 보는지 근거와 의견이 적혀 있습니다.

❼ 재무 정보

기업의 과거 실적과 미래 전망 실적, PER, PBR 등과 같은 투자지표를 보여줍니다. 과거에 대한 부분은 이미 정해진 사실이지만 미래 전망에 대한 부분은 말 그대로 추정에 불과합니다. 따라서 무조건적으로 신뢰하기보다는 참고만 하는 것이 좋습니다.

오늘의 주식 공부 SUMMARY
애널리스트 리포트를 볼 때 주의 사항

• 애널리스트는 부정적인 의견을 말하기 어렵다.
• 애널리스트의 전망도 추정에 불과하다.

6장

주린이가 알아둬야 할
주식 이론

칵테일파티 이론

주식투자에 대한 격언과 이론들은 수도 없이 많지만, 초보투자자들도 쉽게 이해할 만한 이론은 생각보다 많지 않습니다. 보통 이론 하면 복잡하고 계산도 해야 하고, 직관적으로 이해되지 않는 경우가 많습니다. 하지만 다행히 누구라도 쉽게 직관적으로 알 수 있는 이론이 하나 있습니다. 이 이론을 잘 알아둔다면 기업에 대해 잘 몰라도, 재무제표를 볼 줄 몰라도 직관적으로 시장의 분위기를 감지해서 지금 주식을 사야 하는 때인지 사지 말아야 하는 때인지를 판단할 수 있습니다. 바로 피터 린치의 칵테일파티 이론입니다.

월가의 전설, 피터 린치가 제안한 칵테일파티 이론

내가 사려는 주식의 주가가 가장 비쌀 때는 언제일까요? 너도 나도 그 주식을 사려고 할 때일 것입니다. 그 주식이 앞으로도 계속 오를 것으로 생각하기 때문에 모두가 사고 싶어 하는 것입니다. 그러다 보니 가격이 계속 올라갑니다. 반대로 너도 나도 팔지 못해서 안달이 났다면 주가는 아마 곤두박질칠 것입니다. 시간이 갈수록 주가가 떨어질 것 같으니 얼른 팔아버리고 싶은 것입니다. 그러다 보니 경쟁적으로 가격을 낮춰 주가가 계속 떨어집니다. 피터 린치가 이야기한 칵테일파티 이론은 바로 이러한 '대중심리'를 잘 반영한 것입니다.

이제부터 상상을 해봅시다. 당신은 펀드매니저입니다. 어느 파티에 초대되었고 거기에는 다양한 직업을 가진 사람들이 어울려 즐겁게 대화를 나누고 있습니다. 파티에 초대된 사람들을 지켜보면서 지금 주식시장이 어떤 상태인지를 알아봅시다.

1단계: 아무도 다시 오르리라고 기대하지 않는다(대중의 무관심)

파티에 많은 사람들이 참석했지만 아무도 주식에 대해 이야기하지 않습니다. 심지어 당신이 펀드매니저라고 밝혔는데도 어느 누구도 주식에 대해 물어보거나 이야기하지 않습니다. 당신이 먼저 주식 이야기를 꺼내도 금방 스포츠, 연예인, 날씨, 정치 등과 같은 다른 주제로 바뀝니다. 주식에 대해 아무도 관심이 없고 그 누구도 이야기하려 하지 않습니다. 조금 이야기를 나눈 사람마저 주식에 대해 부정적으로 생각하고 있습니다. 주식을 팔 사람은 이미 다 팔았기에 지금이 가장 저가에 주식을 살 수 있는 기회입니다. 시간이 지날수록 지금보다 높은 가격에 매수할 사람만 점점 늘어날 것입니다.

2단계: 주식에 대해 조금 이야기하지만 부정적이다(대중의 미미한 관심)

파티에 참석한 사람들과 주식에 대해 조금은 이야기할 수 있습니다. 하지만 여전히 많은 사람들이 주식에 관심이 없거나 부정적입니다. 시장은 15% 정도 상승한 상태이나 전반적으로 주식보다는 다른 주제들을 이야기합니다. 눈치 빠른 사람들이 주식을 사서 모으기 시작하는 단계이기도 합니다.

3단계: 대부분의 사람들이 주식투자를 하고 있다(대중의 적극적인 관심)

파티에 참석한 사람들이 주식에 큰 관심을 가지고 있는 상황입니다. 당신이 펀드매니저라고 밝히면 이것저것 질문을 하기도 하고 어떤 종목을 사야 하는지 물어볼 것입니다. 또 다른 사람들과 주식을 주제로 열띤 토론을 하기도 합니다. 이때부터 대중들의 패닉 바잉이 시작됩니다. 시장은 이미 30% 정도 오른 상태인데도 사람들은 적극적으로 주식을 삽니다.

4단계: 모든 사람들이 주식으로 돈을 벌었다(대중의 열광적인 관심)

파티에 참석한 사람들이 자기가 어떤 종목을 사서 얼마나 돈을 벌었는지 자랑하기 시작합니다. 심지어 전문가가 아닌 사람이 펀드매니저인 당신에게 어떤 종목을 사라고 추천해주고, 실제로 그 종목이 상승하기도 합니다. 그 말을 듣지 않은 것을 당신이 후회한다면 시장은 오를 대로 오른 것입니다. 파티에 참석한 사람들 모두 주식을 사고 돈을 버는 이 분위기에 오히려 편안함을 느끼고 주식투자를 하지 않는 것에 두려움을 느낍니다.

피터 린치의 칵테일파티 이론을 주식투자에 적용하는 법

칵테일파티 이론은 군중심리를 바탕으로 움직이는 주식시장의 모습을 너무나도 잘 보여줍니다. 아무도 사려고 하지 않을 때 주가가 가장 저렴하고, 너도 나도 사려고 할 때 주가가 가장 비쌀 수밖에 없다는 시장의 원리를 주변 사람들의 반응을 통해 쉽게 알 수 있습니다. 그렇다면 이 이론을 어떻게 주식투자에 적용할까요?

첫 번째, 칵테일파티 이론을 정확히 숙지하여 역발상 투자를 하는 것입니다. 주변 사람들이 아무도 주식투자에 대해 이야기하지 않을 때 주식을 사고, 모두가 주식투자를 해서 돈을 벌었다고 자랑하고 투자 조언을 할 때 과감하게 주식을 처분하는 것입니다. 아무도 사려고 하지 않을 때 사고, 아무도 팔려고 하지 않을 때 팔기란 말처럼 쉬운 것이 아닙니다. 하지만 그런 역발상을 할 때 비로소 남들과는 다른 투자 결과가 나옵니다.

두 번째, 시장에 상관없이 적립식으로 장기투자를 하는 것입니다. 시장이 좋든 나쁘든 상관없이 매달 일정액을 꾸준히 주식에 투자하면 시장금리보다 높은 수익률을 기대해볼 수 있습니다. 물론 종목이 무엇이냐에 따라 결과가 달라지겠지만 일반적으로 주식시장의 수익률이 예금금리보다는 높은 편입니다. 그러니 꾸준히 장기간 적립식으로 투자하는 것도 군중심리에 휘둘리지 않고 주식투자를 할 수 있는 방법입니다.

역발상 투자를 하든, 적립식 장기투자를 하든 중요한 것은 자신만의 철학이 명확하게 확립되어 있어야 한다는 점입니다. 피터 린치의 칵테일파티 이론은 군중심리에 휘둘리면 투자에서 좋은 성과를 낼 수 없는 이유를 잘 보여줍니다. 기억하세요. 남들과 함께 가면 마음은 편안하지만 투자의 결과는 불편할 수 있습니다.

오늘의 주식 공부 SUMMARY
피터 린치의 칵테일파티 이론

1. 아무도 주가가 오르리라고 기대하지 않는다.
2. 주식에 대해 조금 이야기하지만 부정적이다.
3. 대부분의 사람들이 주식투자를 하고 있다.
4. 모든 사람들이 주식으로 돈을 벌었다.

경기는 순환한다

자본주의 사회에서 경제는 좋을 때도 있고 나쁠 때도 있습니다. 이러한 경기변동이 반복되는 것을 경제순환이라고 합니다. 물론 경제순환이 자로 잰 듯이 정확하게 반복되는 것은 아닙니다. 그렇게 경제가 반복된다면 미리미리 불황을 준비해 어려움을 상당히 줄일 수 있겠죠.

하지만 경제가 어떻게 순환하는지만 알아도 투자하는 데 많은 도움을 받을 수 있습니다. 지금 경제가 좋다고 해서 한없이 좋을 수만은 없고, 지금 경제가 나쁘다고 해도 언젠가는 끝나기 때문입니다.

경기변동 사이클, 회복기-확장기-후퇴기-수축기

경기변동 사이클은 네 국면으로 반복됩니다. 지금의 상황이

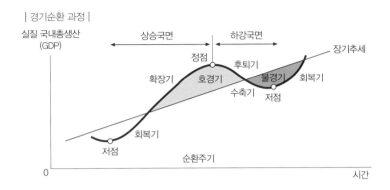

| 경기순환 과정 |

실질 국내총생산
(GDP)

상승국면
하강국면

정점
후퇴기
장기추세

확장기 호경기 불경기 회복기

수축기 저점

회복기

저점

순환주기

0
시간

네 국면 중 어디에 속한다는 것만 알아도 투자 판단을 내리는 데 큰 도움을 얻을 수 있습니다.

회복기

경기가 바닥을 치고 서서히 회복되고 있으나 아직 상승 추세는 확인되지 않는 시기입니다. 경제활동이 서서히 활기를 띠는 시기이기도 합니다. 정부는 재정지출을 확대하고 금리와 세율을 인하합니다.

확장기

경제활동이 회복기를 지나고 호황을 이루는 시기입니다. 수요와 생산, 국민소득과 고용이 증가합니다. 기업이 벌어들이는 이윤과 설비투자 역시 증가합니다.

기업들은 수요가 늘어난다는 확신을 가지고 미리 재고를 늘립니다. 물가도 오르기 시작하고 수입도 증가합니다. 경기가 과열되기 시작하면 정부는 금리와 세율을 인상해 민간 소비와 투자를 억제하기 시작합니다.

후퇴기

경기가 정점을 지나 둔화되는 시기입니다. 확장기 때 증가된 생산설비로 재고가 증가하고 기업의 생산비용 증가로 이윤은 줄어듭니다. 소비와 투자가 감소합니다.

수축기

경제활동이 침체되는 시기입니다. 누적되는 재고를 줄이기 위해 생산량이 최저 수준을 기록하고 실업자가 급증합니다. 기업의 이윤이 감소하는 것을 넘어 손실을 보게 되어 도산하는 기업이 발생합니다. 정부가 경기부양책을 내놓지만 기업들은 설비 투자를 하지 않습니다.

경기순환의 3가지 종류

경기순환은 단기, 중기, 장기 파동으로 나눠볼 수 있는데 크게 3가지 경기순환이 존재합니다. 이런 순환이 생기는 원인은 기간에 따라 각기 다른데 장기파동의 경우 전쟁과 같은 사회 변동이나 새로운 발명에 의한 생산력의 비약적 증가, 대규모 토목산업,

기술 혁신 등이 있습니다.

철도, 자동차, 인터넷의 등장 같은 것이 그 예가 됩니다. 중기파동에 영향을 미치는 것은 주택 건설과 같은 내구재의 수요 변화와 인구의 일시적인 폭발적 증가, 농산물 작황의 변화입니다. 단기파동에 영향을 미치는 것은 원자재 가격이나 재고의 변동, 이자율, 외환시세 등입니다.

콘트라티에프 파동(Kondratiev Wave, 장기파동)

철도, 전기, 자동차, 인터넷과 같은 기술 혁신이 50년 주기로 나타나기 때문에 경기도 40~60년 주기로 호황과 불황이 나타난다는 것입니다.

통상적으로 하나의 신제품이 나오면 사람들은 높은 가격에도 그 제품을 사려고 하지만, 시간이 지나 비슷한 제품들이 하나둘 늘어나면 더 이상 흥미를 잃고 아무도 비싼 값을 지불하려 하지 않습니다. 그러면 기업들은 또다시 신제품을 만들고 그렇게 혁신적인 제품이 나오면 경기가 다시 상승합니다. 대표적인 예가 철도, 전력, 자동차, 컴퓨터 기술 등입니다.

주글라 파동(Juglar's Waves, 중기파동)

약 10년을 주기로 순환하는 경기 사이클입니다. 주로 기업 설비투자의 변동으로 일어나는 중기파동을 말하며 프랑스 경제학자 클레멘트 주글라가 영국, 프랑스, 미국의 주기적인 경기침체를 규명하기 위해 연구하던 중 일정한 주기에 걸쳐 호황, 침체, 파산 등 3단계의 현상이 반복되는 것을 발견했습니다. 주글라 파동은 투자, 고용 창출, 임금 상승, 소비 확대, 투자로 이어지는 선순환을 반복하다가 비용 부담과 경쟁이 격화되면서 창조적 파괴로 이어지는 경제순환입니다.

키친 파동(Kitchin Cycles, 단기파동)

수요와 공급의 불일치로 약 40개월 주기로 발생하는 경기순환입니다. 호황일 때 기업들은 생산설비를 늘려 많은 상품을 생산합니다. 경기가 계속 호황이라면 문제없지만 불황이 올 경우 많은 양의 상품들이 재고가 됩니다. 이 과정에서 불황을 버티지 못하는 기업들은 부도가 나고 살아남은 기업들은 다시 매출을 회복하는데 이 주기가 키친 파동입니다.

경기순환을 알아두면 좋은 점들

주식투자를 하는 많은 사람들이 아마도 이런 상상을 한 번쯤은 해보았을 것입니다. 내가 주식을 샀는데 오르기 시작하고, 내가 팔고 나니 주가가 떨어지기 시작하는 상상 말입니다. 이런 타이밍을 잡기가 결코 쉬운 일이 아니지만 경기가 일정하게 반복되고 있다는 사실을 알면 조금은 도움을 받을 수 있습니다.

꼭 싸게 사서 비싸게 팔겠다는 생각이 아니더라도 경기순환

의 흐름을 타서 투자한다면 분명 좋은 성과로 이어질 가능성이
높습니다. 경기순환을 알아두면 지금의 시장이 어떤지 판단하
는 데 하나의 참고 자료로 이용할 수 있습니다.

오늘의 주식 공부 SUMMARY

경기 순환 파악하기

- 경기는 회복기–확장기–후퇴기–수축기를 거치며 순환한다.
- 경기순환 파동: 장기, 중기, 단기

명칭	순환주기	원인
콘트라티에프 파동	약 50년	전쟁, 혁신적인 기술 등
주글라 파동	7~12년	기업의 설비투자 변동
키친 파동	3~4년	재고량의 수요와 공급의 불일치

주식시장에도
사계절이 있다

오늘의 주식 공부 POINT
● 우라가미 구니오의 주식시장 사계절에 대해 알아보자.

우리는 사계절이 뚜렷한 나라에 살고 있습니다. 그래서 봄이 가면 여름이 오고, 가을이 오면 곧 추운 겨울이 올 것을 알고 있습니다. 이런 계절의 순환을 알고 있기에 봄에는 씨앗을 뿌리고, 가을에는 추수를 해서 겨울에 먹을 양식을 비축해놓습니다. 아마 사계절이 순환된다는 사실을 모른다면 가을에 양식을 비축해두지 않아 생존하기 어려울 것입니다.

주식시장에 존재하는 사계절

주식시장에도 봄 여름 가을 겨울처럼 순환하는 사계절이 있다면 어떨까요? 그럼 아마도 주식투자를 어떻게 해야 할지 조금은 알 수 있을 것입니다. 일본의 애널리스트 우라가미 구니오는 이런 말을 남겼습니다.

주식시장은 경기순환에 맞춰 일정한 사계절을 반복하며, 이 같은 흐름에 따라 주도 업종이 변한다. 각 개별 국면에 올라타면 누구나 증시에서 승리할 수 있다.

그는 예측할 수 없는 주식시장에서도 경기순환에 따라 일정한 패턴이 나타난다며 그것을 주식시장의 사계절로 정의했습니다.

구분	금융장세 (봄)	실적장세 (여름)	역금융장세 (가을)	역실적장세 (겨울)
국면	회복기	활황기	후퇴기	침체기
주가	↑	↗	↓	↘
특징	단기 큰 폭 상승 돈의 힘으로 주가 상승	장기간 안정 상승 기업의 실적에 따라 주가 차별화	큰 폭 하락 금리가 오르며 주가 하락	부분적 투매 실적마저 나빠지며 주가가 바닥에 이름
금리	↓	↗	↑	↘
실적	↘	↑	↗	↓
경기	자금 수요 감소 금리 인하 물가 안정 민간 소비지출 증가	생산 판매 활동 증가 설비투자 소비 증가 물가 상승 통화긴축 자금 수요 증가	실질이자율 상승 내구 소비재 수요 감소 생산활동 위축	재고 누적 실업률 가속 금리 인하 경기부양책
주도주(과거)	금리 하락 수혜주 업종 대표주	소재 가공산업 업종 순환 상승	중소형 우량주 저PER주	내수 관련주 자산주 초우량주
주도주(현재)	성장주 강세			

주식시장의 봄, 금융장세

봄은 추운 겨울이 막 끝난 계절이듯이 주식시장에서도 봄은 경기가 아직 불황에 빠진 상태입니다. 정부는 어려운 경제를 살리기 위해 금리를 인하하고 공공투자를 확대합니다. 이러한 정부의 정책으로 주식시장은 조금씩 올라가기 시작하지만, 통계적으로 아직 긍정적인 지표는 보이지 않으며 기업의 수익도 증가하지는 않습니다. 낮은 금리를 무기로 경제를 살리려고 하는 시기이기 때문에 주식시장의 봄에는 금리민감주가 가장 먼저 움직이기 시작합니다. 은행주, 증권주가 유망합니다. 또한 정부가 공공지출을 늘리기 때문에 건설과 토목 등과 같은 업종도 상승하기 시작합니다. 경제가 불황을 겪고 있기 때문에 재무구조가 좋은 기업들이 부각됩니다.

주식시장의 여름, 실적장세

여름은 봄에 뿌린 씨앗들이 싹을 틔우고 녹음이 우거지듯이, 정부가 시행한 금리 인하와 공공정책이 서서히 효과를 발휘하기 시작합니다. 이 시기에는 더 이상 싸다는 이유로 주가가 오르지는 않습니다. 금융장세에서 주가가 많이 올랐기 때문입니다. 기업들의 실적이 어떻게 나타나느냐에 따라 경기 상승 폭과 지속 기간이 결정됩니다. 주식시장의 봄에 경기부양을 하기 위해 금리를 낮추던 것이 멈추면서 금융장세는 끝이 나고 본격적인 실적장세에 들어갑니다. 금리가 오르는데도 기업들의 실적이 대폭 증가함에 따라 주가는 상승세를 지속합니다.

경기가 지속적으로 확대되면서 물가는 안정적인 수준을 유지하는데 여기에 금리상승률까지 억제되어 골디락스 장세 (Goldilocks, 경기는 좋아지는데 물가는 크게 오르지 않는 상태)를 이어갑니다. 주식시장의 여름 초반에는 섬유, 제지, 시멘트, 철강, 비철금속 등과 같은 소재산업이 바닥을 치고 반등하기 시작합니다. 시간이 흐르면서 가공산업과 대형주가 주목을 받게 됩니다. 실적장세의 흐름은 너무나도 좋아서 계속 상승할 것 같은 환상을 줍니다. 금융장세에서는 웬만한 주식이 다 오르지만 실적장세에서는 종목별로 차별적인 움직임이 나타납니다. 이때는 내가 어떤 종목을 투자했느냐에 따라 수익률이 천차만별이 됩니다.

주식시장의 가을, 역금융장세

가을은 여름 내내 푸르렀던 잎들이 떨어지는 계절입니다. 주식시장의 가을인 역금융장세에서는 기업의 실적이 지속적으로 증가됨에 따라 투자자들이 비싼 가격에도 주식을 사들입니다. 모든 사람들이 주식시장을 낙관합니다. 따라서 주가지수는 최고조에 이르고 기업의 수익도 계속 증가할 것으로 예상합니다. 주가가 큰 폭으로 하락하면 투자자들은 오히려 이를 매수 기회로 여깁니다. 하지만 이는 오래가지 못하고 강세장은 결국 끝이 납니다. 주가 하락 국면에 접어들고 실업률도 증가합니다. 이러한 역금융장세에는 재무구조가 뛰어나고 성장성이 높은 소형 우량주에 관심을 가지는 것이 좋습니다.

주식시장의 겨울, 역실적장세

모든 낙엽이 떨어지고 앙상한 가지만 남는 겨울이 오면 주가
가 높아 보이기 시작합니다. 기업의 조그마한 악재에도 주가가
크게 하락하고, 이런 하락이 공포심을 불러일으켜 무차별적인
투매를 야기하기도 합니다. 주가가 바닥을 모르고 떨어지며 부
도기업이 속출하고, 실업률은 최고치를 기록합니다. 이때는 자
산가치가 우량한 종목이나 내수 관련 경기방어주에 투자하는 것
이 좋습니다.

오늘의 주식 공부 SUMMARY
주식시장의 사계절

금융장세 – 실적장세 – 역금융장세 – 역실적장세

달걀 하나로 시장을 설명하는
코스톨라니의 달걀 이론

오늘의 주식 공부 POINT
● 코스톨라니의 달걀 이론에 대해 공부하고, 어떻게 투자해야 하는지 생각해보자.

  주식투자와 밀접한 관련이 있는 것 중 하나가 바로 금리입니다. 예금금리가 낮으면 당연히 높은 수익률을 찾아 주식으로 자금이 이동할 수밖에 없고, 예금금리가 높으면 위험한 주식투자보다는 안전한 예금에 돈을 넣어두려고 할 것입니다. 기업 입장에서도 금리가 낮으면 대출을 해서 시설이나 설비투자를 많이 할 것이고, 금리가 높으면 아무래도 대출을 망설일 것입니다.

  이런 설비투자는 기업의 실적에 큰 영향을 미쳐서 결국에는 주가에도 영향을 줍니다. 이처럼 금리와 밀접한 관련이 있는 주식투자는 금리만 잘 알아도 투자에서 좋은 성과를 거둘 수 있습니다. 하지만 금리와 주식투자의 관계는 생각보다 복잡하기에 이해하기 어려운 것도 사실입니다. 이런 어려운 문제를 앙드레 코스톨라니라는 천재 투자가가 달걀 하나로 쉽게 설명합니다. 바로 앙드레 코스톨라니의 달걀 이론입니다.

달걀만 봐도 시장을 알 수 있다

먼저 달걀을 똑바로 세웁니다. 달걀의 윗부분은 금리가 고점인 것을 나타내고 아랫부분은 금리가 저점인 것을 나타냅니다. 달걀 맨 윗부분을 기준으로 A라는 점을 찍고 시계 방향으로 오른쪽 윗점, 오른쪽 아랫점, 아랫점, 왼쪽 아랫점, 왼쪽 윗점, 총 6개의 점을 찍습니다. 이제 이 달걀만 잘 기억하면 금리의 변동에 맞춰서 어떻게 주식투자를 해야 하는지 알 수 있습니다.

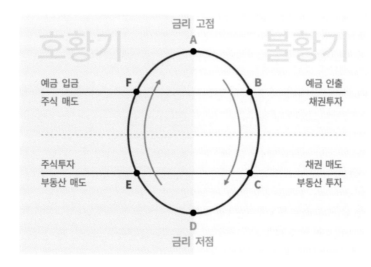

달걀의 모양을 살펴보겠습니다. 좌측은 호황기이고 우측은 불황기입니다. 꼭대기 지점은 금리가 고점인 상태를 가리키고, 바닥 부분은 금리가 저점인 상태를 가리킵니다. 코스톨라니의 달걀 이론에 따르면 경기는 시계 방향으로 순환합니다.

A 금리 고점, 금리 하락 시작

은행에 돈만 맡겨도 높은 금리로 많은 이자를 지급받을 수 있습니다. 예금자들에게 원금 손실 우려 없이 자산을 불릴 수 있는 가장 좋은 시기이기도 합니다. 안전한 예금에 돈이 몰리며 채무자들은 대출을 빨리 상환하려고 합니다.

B 금리 인하 초기

경제가 침체되기 시작합니다. 정부는 불황인 경기를 살리기 위해 금리를 인하합니다. 금리가 내려가면 예금을 통해 높은 이자수익을 얻던 사람들은 다른 투자처를 찾기 시작합니다. 예금보다는 안전성이 조금 떨어지지만 그래도 안전한 채권에 많은 투자를 합니다. 채권은 표면금리만큼 이자율을 보장하기 때문에 금리가 하락하더라도 정해진 이자를 지급받을 수 있습니다. 뿐만 아니라 금리 하락으로 인한 시세차익을 올릴 기회도 얻을 수 있습니다.

C 금리 인하 후기

금리 하락이 가속화되면서 금리가 바닥에 접근합니다. 투자자들은 부동산투자로 관심을 돌립니다. 부동산 임대가 금리보다 더 높은 수익을 제공하기 때문입니다. 이로 인해 부동산 가격이 상승하고 부동산 버블이 생기기 시작합니다.

부동산 가격 상승으로 투자자들은 임대소득과 시세차익이라는 높은 수익을 올립니다. 대부분의 사람들은 이때 부동산투자에 뛰어들기 시작합니다. 경기는 바닥을 치며 반등을 시작하고 중앙은행은 금리 인하보다는 부동산 가격을 고려한 금리 인상을 고민합니다. 이때 부자들은 초우량 기업이나 배당수익률이 충분한 주식으로 투자처를 옮기기 시작합니다.

F 금리 인상 후기

주가가 오르고 경기는 과열됩니다. 각종 경제지표들은 모두 장밋빛 미래를 가리키고 있습니다. 너도 나도 주식투자를 합니다. 부자들은 주식을 처분하고 예금금리로 갈아탑니다. 반면 일반 투자자들은 예금금리에서 주식투자로 갈아탑니다. 주식시장은 정점을 찍고 하락하기 시작합니다.

주식을 사야 할 때와 팔아야 할 때

주식투자로 돈을 벌기 위해서는 남들과 다르게 투자해야 합니다. 남들이 살 때 다 같이 사고, 남들이 팔 때 다 같이 팔아서는 절대 돈을 벌 수 없습니다. 코스톨라니의 달걀 이론을 보면 이러한 사실을 더 잘 알 수 있지요. 모두가 장밋빛 전망만을 바라보면 주가가 너무 비싸 수익을 내기 어렵고, 모두가 패닉에 빠져 주식을 투매할 때면 헐값에 팔 수밖에 없습니다. 따라서 우리는 주식을 언제 사야 하고 언제 팔아야 하는지를 알 수 있습니다.

우리가 주식을 사야 하는 때는 E국면입니다. 금리가 인하하고 아직 남들이 주가 상승에 대해 반신반의할 때 남들보다 한 발짝 앞서서 주식을 사들이는 것입니다. 그렇지 않으면 너도 나도 자기 주식을 못 팔아서 안달일 때 주식을 사들여야 합니다. 이 국면에 주식을 매수해야 싸게 살 수 있습니다.

반대로 주식을 팔아야 하는 시기는 F국면입니다. 너도 나도 주식을 못 사서 안달인 시기에 주식을 팔아야 합니다. 물론 이 시기에 주식을 팔면 더 올라가는 주가 때문에 배가 아플 수도 있지만 그만큼 조심해야 하는 시기입니다.

코스톨라니의 달걀 이론이 우리에게 말해주는 것은 바로 대중과 반대로 움직여야 한다는 것입니다. 물론 굉장히 어려운 일입니다. 하지만 달걀 하나로 금리와 주식시장의 관계를 설명한 코스톨라니의 이론을 잘 기억한다면 현재 시장의 분위기와 대중의 심리를 확인하면서 투자 포인트를 잡을 수 있을 것입니다.

오늘의 주식 공부 SUMMARY
달걀로 보는 투자 원리

코스톨라니의 달걀 이론을 보면, 금리 변화가 투자에 굉장히 중요한 기준이 된다.

7장

우리나라 주요 산업에 대해 알고 싶어요

반도체 산업

오늘의 주식 공부 POINT
- 우리나라를 대표하는 산업 중 하나인 반도체 산업에 대해 알아보자.
- 반도체의 공정 과정을 이해하고 관련된 기업들을 알아보자.

　　우리나라를 대표하는 산업으로 가장 먼저 손꼽을 수 있는 것이 바로 반도체 산업입니다. 반도체는 모든 IT 제품에 들어가는 핵심 부품으로, 컴퓨터, 스마트폰, 통신장비, 가전제품, 산업기계, 자동차에 이르기까지 다양한 곳에 활용되고 있습니다. 반도체 산업은 우리나라 수출 비중의 19.4%를 차지하는 매우 중요한 산업이며, 4차산업혁명 시대가 도래하면서 그 중요성과 비중은 더욱 커질 것으로 보여집니다.

반도체의 2가지 종류, 메모리 반도체 vs 비메모리 반도체

　　반도체는 크게 메모리 반도체와 비메모리 반도체로 구분합니다. 메모리 반도체는 데이터를 저장하는 역할을 하는데 읽고 쓸 수 있는 램(RAM)과 읽기만 할 수 있는 롬(ROM)으로 나뉩니다. 램은 전원이 꺼지면 데이터가 모두 지워지기 때문에 휘발성 메모리라 부르고, 롬은 전원이 꺼져도 데이터가 지워지지 않기 때문에 비휘발성 메모리라고 부릅니다. 정보 저장 없이 연산이나 제어 역할을 수행하는 비메모리 반도체로는 마이크로프로세서, 마이크로컨트롤러와 같은 마이크로칩과 논리소자, 광반도체 및 센서 등 종류가 다양합니다.

메모리 반도체와 비메모리 반도체 산업을 비교해봅시다. 메모리 반도체는 생산기술을 지향하고 DRMA 등과 같이 표준화된 제품들이 주를 이룹니다. 따라서 소품종 대량생산을 많이 하며 대규모의 투자를 집중적으로 해야 합니다. 반면 비메모리 반도체는 생산기술보다는 설계기술을 지향하며 용도별로 품목이 다양합니다. 따라서 다품종 소량생산을 하며, 우수한 설계 인력 및 IP 확보가 경쟁력의 관건이 됩니다.

최근 삼성전자에서 파운드리 서비스 시장을 공략하고 있는데 이는 비메모리 반도체 사업에 속합니다. 파운드리 서비스는 다른 업체가 설계한 반도체를 위탁 생산해서 공급하는 사업으로 일반 제조업의 OEM과 비슷한 개념입니다. 최근 반도체 공정 기

| 반도체 산업 분류 |

반도체 산업	메모리 반도체	휘발성 RAM
		비휘발성 ROM
	비메모리 반도체	팹리스
		파운드리 서비스

술의 고도화와 투자 부담의 증가로 생산시설을 보유하지 않은 팹리스(Fabless) 업체가 늘어나면서 파운드리 서비스의 수요 역시 증가하고 있습니다.

반도체 산업에 대해 반드시 알아야 할 3가지

자본집약적 산업

반도체는 자본이 많이 필요한 산업입니다. 반도체 공정 기술을 개발하는 데는 장기적인 투자가 필수적이고, 초기 설비 구축과 생산을 위해 대규모 투자가 요구됩니다. 새로운 기술에 맞는 장비와 설비를 누가 먼저 갖추느냐가 중요합니다.

시장 진입 장벽이 높은 산업

반도체 산업은 매우 높은 기술 수준을 요구할 뿐만 아니라 원천기술 확보가 쉽지 않아 신규 사업자가 새로 진출하기 어려운 산업입니다.

기술집약적 산업

반도체 산업 특성상 매우 높은 수준의 품질이 요구되며 우수한 연구 인력을 필요로 하는 산업입니다. 점차 반도체가 다양화됨에 따라 최근 들어 대량생산이 용이한 표준 제품 위주에서 공정 미세화가 중요하게 되었습니다.

반도체 공정과 국내 관련주

반도체 공정은 전공정과 후공정으로 나뉩니다. 전공정은 웨이퍼에 패턴을 형성하기 위한 산화, 노광, 삭각, 이온 주입, 박리/세정, 증착, 연마, 게이트(Gate) 형성의 과정이며, 후공정은 칩별로 잘라서 패키징하고 테스트를 하는 과정입니다. 구체적으로 각각의 공정을 간단하게 살펴보면 다음과 같습니다.

- 산화(성막): 전기로 안에서 실리콘 웨이퍼에 산소와 수증기를 투입하여 실리콘 표면에 산화막을 형성한다.
- 포토: 웨이퍼 위에 반도체 회로를 그려 넣는다.
- 삭각: 포토 공정을 통해 형성된 패턴에 따라 필요한 부분을 얇게 만들거나 제거하는 과정이다. 삭각 공정을 거쳐야 웨이퍼에 회로가 새겨진다.
- 박리/세정: 박리 공정은 삭각 공정 후 남은 감광액을 제거하는 작업이며, 세정 공정은 웨이퍼 위의 먼지, 사람의 침, 표피, 공정 후 남은 화학물질 등의 오염원을 제거하는 공정이다.
- 확산(이온 주입): 반도체 주원료인 실리콘의 전기적 특성을 변화시키기 위해서는 다른 불순물을 주입해야 한다.
- 증착(성막): 반도체 웨이퍼 위에 원하는 물질을 얇은 막 형태로 형성한다.
- 연마/CMP: 산화 및 증착 이후의 웨이퍼 표면을 화학적 물

리적으로 평탄화하는 과정이다.

- 게이트 형성: 반도체 회로에 그려지는 수많은 소자들을 집적회로(IC)라고 부른다. 그 소자 중에서 가장 핵심적인 역할을 하는 것이 트랜지스터이다. 이 트랜지스터는 소스, 드레인, 게이트 세 부분으로 구성되어 있는데 전자의 흐름을 제어하여 전류의 양을 조정한다.

- 프로브 시험(Probe Test): 전공정을 통해 웨이퍼 위에 회로가 완성되면 구현된 회로들을 테스트하는 과정이다.

- 그라인딩(Grinding)/웨이퍼 절단(Wafer Saw): 프로브 테스트를 마친 반도체 칩은 전자제품에 실장이 가능하도록 패키징되는 과정을 거친다. 웨이퍼를 패키징하기 위해 웨이퍼의 두께를 줄이는 작업이 그라인딩이다.

- 칩 접착(Die Attach)/와이어 연결(Wire Bonding): 프로브 테스트에서 양품으로 판단된 칩은 웨이퍼에서 떼어내 외부와 전기적 연결을 하는 단자인 회로기판(Substrate)에 접착한다.

- 몰딩(Molding)/마킹(Marking): 몰딩은 습기, 열, 물리적 충격에서 칩을 보호하기 위해 에폭시 몰딩 컴파운드로 칩을 감싸는 공정이다. 이후 표면에 레이저로 제조사 및 제품번호를 각인하는 마킹 공정이 수행된다.

- 패키지 테스트: 패키징 공정이 완료되면 이 패키지가 정상적으로 작동하는지 테스트한다.

공정	관련 종목
포토	동진쎄미켐, 동우화인켐
삭각	솔브레인, 이엔에프테크, SK머티리얼즈, 원익머트리얼즈, 후성
박리/세정	한솔케미칼, SK머티리얼즈, 케이씨텍, 테스
확산(이온 주입)	원익머트리얼즈, 디엔에프, 한솔케미칼, 후성, 솔브레인
증착(성막)	SK머티리얼즈, 원익머트리얼즈, 후성, 원익IPS, 테스, 주성엔지니어링, 유진테크
연마/CMP	한양이엔지, 솔브레인, 케이씨텍
그라인딩/웨이퍼 절단	한미반도체, 이오테크닉스
칩 접착/와이어 연결	한미반도체, 이오테크닉스
몰딩/마킹	한미반도체, 이오테크닉스
패키지 테스트	하나마이크론, SFA반도체, 네패스, 유니테스트, 테크윙, 리노공업

오늘의 주식 공부 SUMMARY
반도체 산업 특징

반도체는 메모리 반도체와 비메모리 반도체로 구분되며 최근 팹리스 기업들의 증가로 파운드리 서비스 수요 역시 증가하고 있다. 반도체는 각 공정별로 전문 기업들을 알아두면 주식투자하는 데 도움받을 수 있다.

자동차 산업

오늘의 주식 공부 POINT
● 우리나라를 대표하는 산업 중 하나인 자동차 산업구조를 알아보자.
● 자동차 산업의 현재와 미래를 알아보자.

자동차는 반도체에 이어 우리나라에서 두 번째로 높은 수출 비중을 차지하고 있는 산업입니다. 단순히 수출 비중이 높은 것이 아니라 국내 전후방 산업 연관 효과가 커서 국내 경제에 미치는 영향 또한 큽니다. 자동차 한 대를 완성하는 데는 약 5,000여 종에서 2만여 종의 부품이 필요하다고 합니다. 이 부품들을 만드는 기업들이 풀뿌리처럼 산업단지를 이루고 있기 때문에 완성차 기업이 어려워지면 이들 산업 전체가 어려움을 겪게 됩니다.

전통 자동차 산업의 3가지 부문

자동차 산업은 크게 3가지로 구분할 수 있습니다. 자동차에 들어가는 원재료와 부품을 만드는 제조 부문, 완성차 업체의 직영 영업소, 대리점, 할부금융, 탁송회사 등을 포함하는 유통 부

완성차 기업		현대자동차, 기아, 쉐보레, 르노삼성, 쌍용자동차
종합 부품사 & 원재료		현대모비스, 현대위아, 만도, S&T대우, 포스코, 현대제철, 현대하이스코, 한국타이어, 넥센타이어, 금호타이어
부품사	차체	화신, 성우하이텍, 오스템, 세원정공
	엔진 & 미션	현대위아, 현대파워텍, 유성기업, 한국프랜지, 모토닉, 인지컨트롤스
	엔진 주변 부품	현대위아, 한국프랜지, 에스엘, 경창산업, 세종공업, 화신
	섀시	현대모비스, 만도, S&T대우, 화신, 오스템, 한국프랜지, 상신브레이크, 세론오토모티브, 대원강업
	공조 시스템	한라공조, 덴소풍성, 한국델파이
	도어	평화정공, 한일이화, 계양전기
	시트 & 내장재	현대모비스, 세원정공, 덕양산업, 한일이화, S&T대우, 대원산업, 다이모스, 도욱실업, 에코프라스틱
	외장재	현대모비스, 동양기전, S&T대우, 경창산업, 에스엘
	전장품	동양기전, 한국단자, 인지컨트롤스, 계양전기, 다함이텍, 아트라스BX, 세방전지

문, 정비, 부품, 주유, 보험 등과 관련된 운행 부문입니다. 이 중 제조 부문에 초점을 맞춰서 자동차 산업을 바라보는 것이 투자를 하는 데 조금 더 용이할 것입니다.

- 완성차 그룹: 현대자동차, 기아, 쉐보레, 르노삼성, 쌍용자동차 등 차량 설계부터 완성까지 수행하는 기업입니다. 자동차에 들어가는 주요 부품을 직접 만들거나 부품 제조사에서 공급받습니다.
- 원재료 공급 & 종합부품사: 자동차에 들어가는 철강, 유리 등 원재료와 타이어 등 주요 부품들을 완성차 기업에 공급합니다. 기술력과 독점력을 가지고 있는 기업입니다.

- 부품사: 각 부품을 공급하는 회사로 완성차 그룹과의 협상력에서 열위에 있는 기업입니다. 경기가 어려워지면 가장 먼저 직접적인 영향을 받는 기업입니다.

미래 자동차 산업의 Key – 전동화와 자율주행

100여 년이 넘게 유지해온 내연기관 중심의 자동차 산업은 현재 격변기입니다. 탄소 중립과 디지털 전환이라는 시대 앞에 전통 자동차 기업들은 새로운 기술을 바탕으로 새로운 산업 생태계를 만들어가고 있습니다. 이러한 상황에서 앞으로 자동차 산업에서는 전동화와 자율주행 기술이 중요해질 것으로 보입니다.

주식시장에서 각 기업들에 대한 평가는 극명하게 엇갈립니다. 아직 연 100만 대를 생산하지 못하는 테슬라의 시가총액이 전통 자동차 기업들의 시가총액을 모두 합친 것보다 크다는 것은 시장이 이미 변화하고 있다는 것을 잘 보여줍니다. 유럽은 2035년부터 내연기관 자동차 판매가 금지된다는 것을 고려하면 앞으로 내연기관에서 전기차로의 전환은 더욱 가속화될 것입니다.

내연기관 중심의 전통 자동차 시장에서 전기차의 비중은 점점 높아질 것으로 보입니다. 테슬라와 같은 IT 기술을 기반으로 하는 기업과 주문자 개발 방식으로 모빌리티 시장에 참여하는 기업, 그리고 전통 내연기관 중심의 기업들이 새로운 자동차 시장을 두고 치열한 경쟁을 벌일 것으로 보입니다. 온실가스로 인한 지구온난화가 가속화됨에 따라 앞으로 2050년 탄소 제로를 향한 각국의 정책은 더욱 강화될 것으로 보입니다. 특히 자동차 평균 교체 주기가 15년임을 감안하면 2035년쯤이 중요한 변곡점이 될 것으로 보입니다.

자율주행 기술

자동차의 전동화만큼 중요한 것이 바로 자율주행 기술입니다. 이미 자동차의 상당 부분이 디지털로 전환되면서 자율주행 기술은 수준급으로 올라왔습니다. 2016년부터 국제자동차기술협회는 자율주행 기술에 대해 분류한 기준을 제시해 국제적으로 통용되고 있습니다. 분류표를 한번 살펴보면, 0단계인 비자동화 수준에서 5단계인 무인수송까지 기술별로 세세하게 구분했습니다. 현재는 레벨3에서 레벨4 수준으로 가고 있습니다.

각 기업별 대응 전략

급변하는 상황에서 각 기업들은 미래 자동차 산업을 준비하고 있습니다. 미래 자동차 산업에 뛰어들고 있는 기업군은 크게 3가지 부류입니다. IT 기술 기반의 모빌리티 신생기업, ODM 기업, 전통 기업입니다. 각 기업군이 대응하고 있는 전략을 살펴본다면 앞으로 자동차 산업이 어떻게 경쟁을 펼칠지 알 수 있습니다.

레벨	자동화 수준	설명
0	비자동화	사람이 운전, 자율주행 기술 미탑재 제한적 경보 기능 및 운전 보조(차선 이탈 경보 등) 시스템은 주행에 전혀 영향을 주지 않음
1	운전자 보조	사람이 운전, 시스템은 거리 주시 또는 적응식 정속주행 등 운전자가 운전하기 편하도록 보조장치가 추가된 단계 시스템은 주행에 관한 다른 기능에 개입 제동, 조향, 가/감속 등 직간접적으로 개입하나 운전자가 직접 운전하고 차량을 제어
2	부분 자동화	사람이 주행 주시, 시스템은 거리 주시와 적응식 정속주행 동시 적용 정해진 조건에서 차의 속도와 방향을 복합적으로 조절 발을 떼고 손을 떼는 것이 가능하나 운전자는 항상 전방 주시하며 도로의 흐름을 파악
3	조건부 자동화	시스템 요청 시 운전자 개입 자율주행 시스템이 운전 담당 운전자는 적극적으로 주행에 개입하거나 주변 상황을 주시하지 않아도 되지만 시스템 결함이 발생했을 때는 주행할 준비
4	고등 자동화	특정 상황을 제외한 완전 자율주행 운전자는 정해진 조건에서 운전에 전혀 개입하지 않으며 대부분의 상황에서 자율주행 레벨3는 시스템 결함 시 운전자에게 권한을 넘겨주는 것이 가능하나 레벨4는 결함을 외부에 알리는 과정을 시스템이 직접 수행
5	완전 자동화	무인운송 가능 자율주행 시스템은 모든 주행 상황에서 운전자의 개입 없이 주행 가능

IT 기술 기반 모빌리티 신생기업

자신들이 가진 IT 기술을 기반으로 새롭게 자동차 산업에 뛰어든 기업들입니다. 대표적인 기업으로 테슬라가 있습니다. 재무적 성과나 판매량은 미미하지만 성장성을 인정받으며 판매량을 늘려나가고 있습니다. 모델 라인업이 갖춰짐에 따라 규모의 경제가 실현될 것으로 보이며 전기차 시장을 선도하고 있습니다.

ODM 기업

화웨이, 애플, 샤오미 등이 대표적인 기업입니다. 자신들이 가진 기술력을 바탕으로 개발만 하고 제조는 다른 기업에 위탁하여 전기차를 생산합니다. 애플은 우리나라 현대기아차와 협력설이 흘러나와 시장이 들썩인 적이 있으나 아직 정확하게 결정된 것은 없습니다.

전통 기업

현대자동차그룹, GM, 폭스바겐 등이 대표적인 기업입니다. 내연기관 자동차 시장을 주도했으나 앞서가는 전기차 기업들을 추격하는 입장이 되었습니다. 내연기관 자동차 기업이라는 이미지를 탈피하고자 브랜드를 바꾸는 노력을 하고 있으며 빠르게 전기차로의 전환을 시도하고 있습니다.

오늘의 주식 공부 SUMMARY
자동차 산업 특징

자동차 산업은 현재 격변하고 있다. 자율주행 기술은 조건부 자동화에서 고등 자동화로 나아가고 있고, IT 기술 기반 모빌리티 신생기업, ODM 기업, 전통 기업이 미래 자동차 시장을 두고 치열한 경쟁을 하고 있다.

정유·에너지 산업

오늘의 주식 공부 POINT
● 국가 기간산업 중 하나인 정유·에너지 산업에 대해 알아보자.
● 우리나라의 정유·에너지 산업의 구조를 알아보고, 어떻게 돈을 버는지 공부해보자.

  정유 산업은 대규모 설비투자 비용과 높은 기술 수준을 필요로 하는 장치산업입니다. 원유를 처리 가공하여 각종 석유 제품 및 반제품을 생산합니다. '원유 수입-제품 생산-수송/저유-제품 판매'의 가치사슬(Value Chain)로 구성되어 있습니다. 정제시설의 건설에 막대한 자금과 공사 기간이 소요되며 국가 경제 및 국민 생활에 없어서는 안 되는 석유 제품을 공급하는 공익성 산업이기도 합니다.

  원재료인 원유 가격이 원가 비중에서 가장 많은 부분을 차지하고 있으며, 저장·수송의 물류비용 또한 많은 부분을 차지하고 있습니다. 원유는 특정 지역에 매장되어 있기에 중동 산유국의 지정학적 불안 요소와 미국 셰일오일 생산량이 원유 가격에 큰 영향을 미치는 요인들입니다.

  국내 석유 수요는 경제 성장과 밀접한 관련이 있습니다. 전

세계적으로 저성장 기조에도 불구하고 자동차 대수 증가가 수요를 견인하고 있지만 전기차, 수소차 등 친환경 차량 보급 확대 및 LNG 등 다른 에너지로의 대체 현상으로 산업구조가 다소비에서 저소비로 전환될 것입니다. 그러나 여전히 석유는 에너지 소비에서 큰 비중을 차지하고 있어서 중요성은 지속될 전망입니다. 또한 세계 경제를 견인하는 중국, 인도 및 동남아시아 지역의 석유제품 수요가 꾸준히 증가할 것으로 보여 정유산업의 성숙기는 지속될 전망입니다.

정유·에너지 산업은 석유 개발 및 탐사부터 석유제품 판매까지 모두 포함하지만 국내 정유·에너지 산업은 원유 정제 및 판매에 집중되어 있습니다. 일반적으로 원유 탐사, 시추, 개발, 생산까지를 상류 부문, 원유 수송, 정제, 석유제품 판매 등을 하류 부문으로 나눕니다.

정유 · 에너지 산업	상류 부문	원유탐사
		시추
		개발
		생산
	하류 부문	원유 수송
		정제
		석유제품 판매

	중동	아시아	아프리카	미주 등	합계
2019년	70.2%	10.1%	10.1%	17.9%	100%

원재료 및 제품 특성

현재 우리나라는 원유를 해외에서 전량 수입하고 있습니다. 전 세계적으로 원유의 종류는 WTI유, 브렌트유, 두바이유로 나눕니다. WTI유는 미국 서부 텍사스에서 생산되는 원유로 품질이 가장 좋습니다. 브렌트유는 영국 북해 지역에서 생산되는 원유를 말하며, 두바이유는 중동 아랍에미리트에서 생산하는 원유입니다. 두바이유는 우리나라 원유 수입량의 70.2%를 차지하는데, 품질은 3가지 원유 중에서 가장 떨어집니다. 그래서 우리나라 정유사들은 공장에 고도화 설비를 붙여 휘발유나 등경유로 재처리해서 판매하고 있습니다.

정유사의 수익구조

정유사의 수익은 크게 3가지 사업을 통해 창출됩니다.

정유 사업

정유사의 본업이라고 할 수 있는 사업으로 보통 매출은 유가의 변동에 따라 움직입니다. 유가가 오르면 석유제품의 가격도 올라 매출액도 증가하지만 반대로 유가가 떨어지면 매출액도 감소합니다. 매출액이 유가에 따라 결정된다면, 이익은 정제 마진에 따라 결정됩니다. 정제 마진은 석유·제품에서 원유 가격을 뺀 가격을 말합니다.

석유화학 사업

납사와 천연가스 등을 원료로 하여 에틸렌, 프로필렌, 벤젠, 톨루엔 등 기초 유분을 생산하고 이를 원료로 합성수지, 합성섬유, 합성고무 등의 기초 소재를 만드는 산업입니다. 자동차, 전기, 전자, 건설, 섬유 등 주요 산업에 원재료를 공급하는 국가의 핵심 기간사업입니다. 보통 석유화학 산업은 원재료의 확보, 생산의 집중화, 유통의 합리화를 실현하기 위해 수직 계열화되어 있는 경우가 많으며 장치산업으로서 초기 투자 비용이 크고 규모의 경제가 작용하는 자본, 기술 집약적 산업입니다.

윤활유 사업

자동차, 선박, 산업시설 등에 들어가는 윤활유는 운송업과 기계 산업과 밀접한 연관이 있습니다. 윤활유 수요의 가장 큰 부분을 차지하는 엔진오일은 운송업 경기에 따른 자동차 및 선박의 운행 거리와 높은 관련성이 있습니다.

업계 구도

우리나라의 정유산업은 SK이노베이션, GS칼텍스, 에쓰오일 (S-Oil), 현대오일뱅크 4사가 과점을 하고 있습니다. 이들 기업들은 국제 유가 변동에 따라 실적 변화가 심하며 규모의 경제, 산업의 비교 우위, 고도화 정도에서 높은 수준을 유지하고 있습니다. 그래서 신규 기업들의 진입이 용이하지 않은 산업입니다. 과점적 지위를 바탕으로 안정적으로 경영을 해나가고 있으며, 다른 산업보다 배당을 많이 하는 편입니다.

오늘의 주식 공부 SUMMARY
정유·에너지 산업 특징

정유·에너지 산업은 석유 개발 및 탐사부터 석유제품 판매까지 모두를 아우르지만 국내의 경우 원유 정제 및 판매 사업에 집중되어 있다. SK이노베이션, GS칼텍스, 에쓰오일, 현대오일뱅크 4사가 과점하고 있으며 정유, 석유화학, 윤활유 사업을 통해 돈을 벌고 있다.

음식료 산업

오늘의 주식 공부 POINT

● 실생활과 밀접한 음식료 산업에 대해 알아보자.
● 음식료 산업의 특징 5가지에 대해 공부해보자.

    우리에게 가장 친숙하고 잘 아는 업종은 무엇일까요? 우리의 삶에 없어서는 안 되는, 매일매일 우리가 먹는 것을 만들어내는 음식료 업종일 것입니다. 과자, 음료, 술은 기본이고 이제는 매일 마시는 물까지, 우리는 하루도 빼놓지 않고 날마다 무언가를 먹습니다. TV만 틀면 무언가를 먹는 장면이 나옵니다. 이 먹을 것을 만드는 업종을 통틀어 음식료 업종이라고 합니다.

| 음식료 산업 분류 |

음식료업	식료품 제조업	식품소재업
		식품가공업
	음료품 제조업	음료
		주류

음식료업은 식품과 음료로 나뉜다

음식료 업종은 크게 식품을 만드는 업종과 음료를 만드는 업종으로 구분합니다. 식품을 만드는 업종은 과자, 초콜릿, 사탕, 냉동만두, 라면 등 편의점이나 대형마트에서 사 먹는 완성된 가공품을 만드는 '식품가공업'과 밀가루, 식용유, 설탕 등과 같이 그 가공품을 만드는 데 필요한 원재료를 생산하는 '식품소재업'으로 나뉩니다.

먼저 식품가공업의 주된 고객은 소비자들입니다. 우리에게 친숙한 오리온, 빙그레, 농심, 오뚜기, 남양유업 등이 모두 식품가공업을 하는 회사입니다.

반면 식품소재업의 주된 고객은 기업들입니다. 물론 밀가루, 설탕, 식용유 등을 일반 소비자들도 구입하지만, 소비량을 놓고 보면 과자와 라면을 만드는 회사에서 밀가루나 식용유를 훨씬 많이 소비하기 때문에 일반적으로 우리에게 잘 알려지지 않은 기업들도 많습니다. CJ제일제당, 대한제분, 대상, 삼양사, 콘프로덕츠코리아 등이 있습니다.

음료품을 만드는 업종은 음료와 주류로 나뉩니다. 음료품업은 주된 고객이 소비자이기 때문에 식품가공업과 마찬가지로 우리에게 굉장히 친숙한 기업들이 많습니다. 롯데칠성, 하이트진로 등이 대표적인 기업들입니다.

음식료 산업에 대해 반드시 알아야 할 5가지

1. 경기에 큰 영향을 받지 않는다

음식료 산업이 다른 산업에 비해 두드러지는 특징 중 하나가 바로 경기가 좋든 나쁘든 소비에 큰 영향을 받지 않는다는 사실입니다. 경제학 용어로는 '소비의 탄력성이 낮다'라고 표현하는데 이를 좀 더 쉽게 설명해보겠습니다.

편의점 아르바이트를 하면서 한 달에 100만 원을 버는 A라는 사람이 있다고 해봅시다. 하루 세끼를 겨우 챙겨 먹을 정도의 소득을 벌던 어느 날 A는 갑자기 로또에 당첨되었습니다. 이제 수십억 원의 큰돈이 생겼고 평생 일하지 않아도 됩니다. 어림잡아 계산해보니 죽을 때까지 써도 조금 남을 정도의 돈입니다. 이제 A는 한 달에 100만 원 벌던 때와는 완전히 다른 삶을 살 수 있습니다. 이때 A는 큰돈이 생겼으니 하루에 세끼 먹던 것을 아홉끼를 먹을까요? 소득이 몇백 배가 늘었다고 해서 먹는 양도 몇백 배가 늘어날까요? 그렇지 않습니다. 즉, 소득이 증가한다고 해서 거기에 비례해 소비량이 늘어나지 않는 것을 소비의 탄력성이 낮다고 말합니다. 반대도 마찬가지입니다. A가 로또에 당첨된 금액을 흥청망청 써서 빈털터리가 되었다고 해봅시다. 하루에 세끼 먹던 것을 소득이 줄었다고 한 끼만 먹고 살까요? 먹는 음식의 종류는 달라지겠지만 하루에 먹는 끼니 수가 확 줄어들지는 않습니다.

이것이 바로 음식료 산업의 특징입니다. 경기가 좋든 나쁘든 소비는 크게 영향을 받지 않는다는 사실입니다. 이런 음식료 산업의 특징을 잘 이해하면 음식료 기업들의 주식을 언제 사야 할지 알 수 있습니다. 불황이 오면 경기의 영향을 많이 받는 기업들의 매출은 크게 줄어들 것입니다. 그때 음식료 산업에 속한 기업들의 매출도 크게 감소할까요? 다른 산업에 비해 매출이나 영업이익이 덜 줄어들 것입니다. 따라서 불황이 오면 음식료 산업에 관심을 가져볼 만합니다.

2. 수익성은 원재료 가격에 영향을 받는다

음식료의 원재료는 대부분 곡물입니다. 밀가루는 밀, 쌀은 벼, 설탕은 사탕수수, 기름은 콩에서 나옵니다. 따라서 음식료 산업에 속한 기업들의 영업이익은 원재료인 국제 곡물 가격의 영향을 많이 받을 수밖에 없습니다. 특히 우리나라는 쌀의 자급률은 높지만, 그 외 밀, 콩, 설탕 등 다른 작물들의 자급도는 낮은 편입니다. 그래서 국제 곡물 가격이 급등하면 우리나라의 음식료 기업들은 매출액에서 원재료비가 차지하는 비중이 높아집니다. 원재료비의 증가는 당연히 수익의 감소로 이어져 수익성이 악화되는 경우가 많습니다.

또한 수입을 통해 곡물을 들여오기 때문에 음식료 기업들은 환율에도 영향을 받습니다. 예를 들어 국제곡물시장에서 콩이 1kg에 1달러에 거래되고 있다고 해봅시다. 환율이 1달러에 1,000원이라면 우리나라 기업들은 1,000원을 1달러로 환전해서 콩 1kg을 수입할 수 있습니다. 그런데 갑자기 환율이 올라서 1달러에 1,200원이 되면, 우리나라 기업들은 이제 1,200원을 주고 콩 1kg을 수입해야 합니다. 국제 곡물 가격에는 변동이 없어도 환율이 상승하면 더 비싸게 콩을 수입해야 하는 상황이 됩니다. 환율이 상승하면 원재료비가 오르는 것과 같은 결과가 나타나는 것이죠. 이처럼 음식료 산업은 국제 곡물 가격과 환율에 따라 수익성의 영향을 많이 받으므로 이들 기업에 투자할 때는 곡물시장과 환율시장을 함께 봐야 합니다.

3. 정부의 규제에 영향을 많이 받는다

음식료품은 인간의 삶에 없어서는 안 될 필수품입니다. 그래서 음식료품의 가격은 경제에도 큰 영향을 미칩니다. 예를 들어 갑자기 쌀값이 2배 상승했다고 해봅시다. 당장 김밥집의 김밥 가격이 2배로 오르고, 백반집의 백반 가격도 2배 오를 것입니다. 식비가 2배 오르니 사람을 고용하는 기업의 입장에서도 더 많은 비용이 지출되고, 자영업자도 아르바이트생을 쓰는 비용이 상승할 것입니다. 식비의 증가는 곧 인건비의 상승으로 이어지고, 이는 곧 사회 전반의 물가 상승으로 이어집니다.

이처럼 음식료품의 가격에 따라 물가가 요동을 친다면 기업의 경영은 물론, 국가 차원에서도 사회가 안정될 수 없습니다. 그래서 정부는 물가 안정을 위해 음식료 가격을 통제하려고 많은 노력을 합니다. 곡물 가격이 올랐다고 해서 음식료 가격이 바로 오르지 않고, 곡물 가격이 하락했다고 해서 음식료 가격이 바로 떨어지지 않는 안정적인 가격 흐름을 유지하는 데는 정부의 역할도 한몫하고 있는 것입니다.

2011년의 신라면 사태는 바로 이러한 모습을 잘 보여줍니다. 우리나라에서 가장 많이 팔리는 신라면이 신라면 블랙이라는 프리미엄 라면으로 출시되면서 가격을 2배 이상 비싸게 책정했습니다. 그러자 공정거래위원장이 공개적으로 신라면 블랙의 가격 인상을 살펴보겠다고 선언했습니다. 한 기업이 출시한 상품의 가격에 대해 왜 정부가 나서서 입장을 밝힌 걸까요? 그것은 라면이라는 식품이 물가와 아주 밀접한 관련이 있기 때문입니다. 신라면 블랙으로 인해 라면 가격이 전반적으로 상승하면 사회 전체의 물가 상승으로 이어질 수 있습니다. 이처럼 음식료품 산업은 정부의 영향을 많이 받는다는 사실을 꼭 기억해야 합니다.

4. 상품에 대한 충성도가 높다

콜라는 ○○콜라, 사이다는 ○○사이다, 참치는 ○○참치, 간장은 ○○간장, 밀가루는 ○○밀가루.

아마 대부분의 사람들이 빈칸에 비슷한 단어를 쓸 것입니다. 음식료품은 나와 가족이 먹는 것인 만큼 맛과 신뢰가 굉장히 중요합니다. 어느 기업에서 만든 것인지를 굉장히 중요하게 생각하는 것이죠. 이를 '상품에 대한 충성도가 높다'라고 표현합니다. 사람들이 한번 마음에 드는 상품을 찾으면 쉽게 다른 상품으로 바꾸지 않는다는 뜻입니다. 그래서 식료품 기업들은 고객의 선택을 받기 위해 어마어마한 마케팅 비용을 지출합니다. 한번 소비자들의 마음을 사로잡으면 선택을 쉽게 바꾸지 않는다는 사실을 알고 있기 때문입니다.

이와 관련해 아주 재미있는 사례가 있습니다. 우리가 자주 먹는 콜라에 대한 이야기입니다. 콜라는 크게 코카콜라와 펩시콜라가 있습니다. 사실 맛에 크게 민감하지 않으면 두 제품을 구분하기란 굉장히 어렵습니다. 특히 동시에 2가지 콜라를 먹는 것이 아니라 한 가지 콜라만 먹는다면 맛의 차이를 감지하기가 더더욱 어렵습니다. 그런데도 많은 사람들은 코카콜라를 찾습니다. 심지어 블라인드 테스트에서 펩시콜라가 코카콜라보다 맛부분에서 더 높은 점수를 받은 실험 결과도 있습니다. 그런데도 사람들은 여전히 펩시콜라보다 코카콜라를 더 많이 찾습니다. 사람들의 머릿속에 코카콜라라는 브랜드가 주는 이미지와 신뢰가 있기 때문입니다.

이처럼 식료품 산업은 사람들의 입맛과 선택이 잘 변하지 않기 때문에 히트 상품이 나오면 오랫동안 사랑받는 스테디셀러가 되는 경우가 많습니다.

5. 인구구조에 영향을 많이 받는다

음식료 업종은 경제 상황뿐 아니라 인구구조에도 많은 영향을 받습니다. 20대 10명과 70대 10명이 먹는 음료와 식료품이 똑같을까요? 그렇지 않을 것입니다. 20대는 술과 탄산음료를 많이 마시고, 피자와 치킨 등을 많이 소비할 것입니다. 반면 70대는 술과 탄산음료보다는 홍삼액을 더 많이 마시고, 몸에 좋은 건강식을 더 많이 소비할 것입니다.

음식료업에 투자할 때는 소비시장을 구성하는 인구구조가 어떻게 되어 있고 앞으로 어떻게 변화할지를 잘 살펴보는 것이 중요합니다. 특히 저출산으로 인구가 점점 줄어들 것으로 전망되고 급격한 고령화가 진행되고 있는 우리나라에서는 음식료 시장에 지금까지와는 다른 변화가 일어날 것입니다. 이러한 변화에 빠르게 대응하는 기업을 찾아 투자한다면 좋은 성과를 기대할 수 있지 않을까요?

오늘의 주식 공부 SUMMARY
음식료 산업의 특징

1. 경기에 큰 영향을 받지 않는다.
2. 수익성은 원재료 가격에 영향을 받는다.
3. 정부의 규제에 영향을 많이 받는다.
4. 상품에 대한 충성도가 높다.
5. 인구구조에 영향을 많이 받는다.

통신 산업

오늘의 주식 공부 POINT
● 통신업의 특징에 대해서 알아보자.
● 유선통신 산업과 무선통신 산업에 대해 알아보자.

통신이란 거리가 떨어진 상태에서 수단이나 매체를 통해 정보를 교환하는 것을 의미합니다. 초기에는 음성을 주고받는 것이었다면 이제는 데이터를 주고받고 있습니다. 통신업은 전화, 초고속 인터넷, 데이터 및 통신망 임대 서비스 등을 포함하는 유선통신 산업과 이동전화, 무선 데이터, 정보통신 등을 포함하는 무선통신 산업으로 구분할 수 있습니다. 국내 통신 산업은 주로 내수시장을 중심으로 사업을 펼치고 있습니다.

통신업의 특징

통신업은 다른 산업과 달리 두드러지는 특징이 3가지 있습니다.

1. 공공재 성격으로 인한 자연적 독점이 일어난다

통신업은 통신망을 구축하는 데 막대한 비용이 들어가기 때문에 시장원리에 따라 공급되기는 어렵습니다. 그래서 대부분 국가로부터 사업을 위임받은 하나의 사업자가 통신업을 시작하는 경우가 많으며 이로 인해 자연적 독점이 일어납니다. 우리나라도 SK텔레콤, KT, LG유플러스 3사가 시장을 과점하고 있습니다.

2. 국가 기간산업의 성격을 가지고 있다

통신 산업은 국가 경쟁력과도 밀접한 관련이 있기 때문에 대부분의 국가에서 전략적으로 육성하는 산업입니다. 최근 통신업계에서 가장 이슈가 되는 5G 통신을 살펴보겠습니다. 5G는 초고속, 초저지연, 초연결 등을 특징으로 가상증강현실, 자율주행, 사물인터넷 등을 구현할 수 있는 기술입니다. 5G 이전까지의 기술이 단순히 휴대폰 연결 통신망이었다면, 5G는 모든 전자기기를 연결하는 기술입니다. 즉, 5G 통신망이 구축되어 있지 않다면 4차산업혁명이라 불리는 기술들이 싹틀 수 없습니다. 각 정부는 국가 경쟁력을 높이기 위해 통신 인프라 확충에 많은 노력을 기울이고 있습니다.

3. 네트워크 외부성을 가지고 있다

특정 제품을 사용하는 소비자가 늘어날수록 해당 상품의 가치가 높아지는 것을 의미합니다. 예를 들어 전화를 나 혼자 사용하고 있다면 전화의 활용성은 매우 떨어질 것입니다. 누구에게 전화를 걸 수도 없고, 누구에게 전화가 올 일도 없기 때문입니다. 하지만 전화를 사용하는 사람이 늘어날수록 전화기의 가치는 더욱더 높아집니다. 기술의 발전이 네트워크 외부성을 발생시킨다는 것입니다. 기술이 발전하면 생산비용이 절감되고 재화의 시장가격을 인하하는 효과를 가져올 수 있습니다. 가격이 저렴해진 재화는 더 많은 소비자들을 시장으로 끌어들이고 재화의 유용성도 높아져서 또다시 네트워크 외부성을 증가시키는 선순환이 만들어집니다.

유선통신 사업

유선통신 서비스는 초고속 인터넷, 시내전화, IPTV, 케이블TV로 구분됩니다.

〈유선 통신서비스 가입자 추이〉

(단위 : 천 명)

구분	2020년	2019년	2018년
초고속인터넷	22,330	21,762	21,155
시내전화	12,859	13,600	14,334
IPTV	17,490	16,440	15,054
케이블TV	13,379	13,642	13,925

출처 : 과학기술정보통신부(www.msit.go.kr)

유선통신 서비스 시장은 이미 성숙된 시장으로 기업 간 경쟁이 치열하지 않습니다. 각 기업에서 제공하는 서비스의 차이가 크지 않고 다른 사업에 비해 경기의 영향을 많이 받지 않습니다. 따라서 호황이든 불황이든 실적에는 큰 변화가 없습니다.

유선통신 서비스의 현황을 하나하나 구체적으로 살펴보겠습니다. 맨 먼저 초고속 인터넷은 우리나라 전체 가구 대비 보급률이 103%에 이릅니다. 이미 포화 상태이기에 연간 초고속 인터넷 가입자의 증가는 한 자릿수에 머물고 있습니다. 시내전화 가입자는 감소하고 있으나 인터넷 전화 가입자가 증가하면서 전체 유선전화 가입자 수는 증가하고 있습니다. 그러나 3% 수준에 머물고 있어 큰 폭의 성장에는 한계가 있습니다. IPTV는 콘텐츠 차별화가 중요한 경쟁력으로 부각되고 있습니다. 넷플릭스, 디즈니플러스 등과 같은 콘텐츠를 독점적으로 확보하는 것이 중요합니다. 케이블TV는 과거 꾸준한 성장세를 보였지만 IPTV와 같은 새로운 서비스의 등장으로 가입자 수가 감소하고 있습니다.

무선통신 사업

무선통신 사업은 미디어 소비 증가와 함께 데이터 중심으로 시장이 빠르게 전환되었습니다. 5G가 상용화되면서 AR, VR 등을 활용한 서비스 제공이 가능해졌습니다. 국내 이동전화 가입자는 총인구 대비 100%를 넘은 성숙기에 진입한 상황입니다. 그러나 무선통신 사업은 네트워크 기술의 발전과 고사양의 스마트폰 기기 확산을 바탕으로 첨단 멀티미디어 서비스, 모바일 커머스, 모빌리티 등 데이터 네트워크에 기반해 질적인 성장을 하고 있습니다.

무선통신의 경쟁 요인은 브랜드 경쟁력, 상품 및 서비스 경쟁력, 판매 경쟁력으로 나눌 수 있습니다. 브랜드 경쟁력은 고객이 기업에서 제공하는 서비스와 가치에 대해 총체적으로 체감하는 무형의 인식 우위 및 로열티를 말합니다. 상품 및 서비스 경쟁력은 서비스의 다양성과 요금 수준, 접속 품질, CS 수준 등을 말합니다. 판매 경쟁력은 새롭고 다양한 마케팅 기법의 활용, 대리점 및 지점의 유통망 등을 말합니다. 현재 무선통신 시장은 SK텔레콤이 과반을 차지하고, KT와 LG유플러스가 나머지 시장을 점유하고 있습니다.

오늘의 주식 공부 SUMMARY
통신업의 특징

1. 통신업은 공공재 성격으로 인해 자연적 독점이 일어난다.
2. 통신업은 국가 기간산업의 성격을 가지고 있다.
3. 통신업은 네트워크 외부성을 가지고 있다.

- 유선통신 사업은 시장의 포화로 성장성이 둔화되어 있다.
- 무선통신 사업은 가입자 수가 포화에 이르렀으나 5G 기술을 기반으로 질적인 성장을 하고 있다.

제약·바이오 산업

오늘의 주식 공부 POINT
● 제약 산업의 특징에 대해 공부해보자.
● 제약업의 구분에 대해 알아보자.

　제약·바이오 산업이란 각종 질병의 진단, 치료, 경감, 처치, 예방 등을 목적으로 하는 의약품을 연구하고 제조하는 부문입니다. 따라서 제품 개발에서 비임상, 임상시험, 인허가 및 제조, 유통, 판매 등 전 과정을 국가에서 엄격히 규제합니다.

　제약 산업은 첨단기술이 집약되어 특허기술의 보호 장벽이 높고 신약 개발이 어렵기 때문에 기술 우위에 따른 독점력이 강하고 부가가치가 높은 미래 주력 산업입니다. 또한 과학 기반 산업으로서 기초과학 연구 결과가 곧바로 산업적 성과와 긴밀하게 연결되어 있습니다. 새로운 신약 개발을 위한 연구가 곧 산업의 경쟁력으로서 타 산업에 비해 연구 개발 비중이 높은 것입니다. 최근 소득 증대 및 생활 패턴 변화로 삶의 질 향상이 미래 사회의 화두로 등장하면서 건강관리를 위한 의료 분야의 지출이 크게 확대되고 있습니다.

제약업은 원료 의약품과 완제 의약품으로 나뉜다

의약품은 생산 단계에 따라 원료 의약품과 완제 의약품으로 나눌 수 있습니다. 원료 의약품은 완제 의약품의 원료로 일반 소비자들은 접할 일이 없습니다. 생산 규모가 크고 소비자들이 직접 접하는 분야는 완제 의약품입니다. 완제 의약품은 또다시 일반 의약품과 전문 의약품으로 구분되는데 일반 의약품은 약사나 소비자가 임의로 선택할 수 있는 약품입니다. 반면 전문 의약품은 의사의 처방이 있어야만 구입할 수 있는 의약품으로 완제 의약품의 80% 정도를 차지하고 있습니다.

의약품은 원료에 따라 화학합성 의약품과 바이오 의약품으로 나눌 수 있습니다. 화학합성 의약품이란 화학적 합성반응을 통해 만드는 약인데 제약 산업 내에서 80% 정도를 차지하고 있습니다. 만들기 쉽고 저렴하나 독성이 있고 효능의 지속력이 떨어지는 편입니다. 바이오 의약품은 사람이나 다른 생물체의 단백질 유전자 세포 등 유효물질을 원료로 유전자 재조합, 세포배양 등의 생물 공정을 통해 제조한 고분자량의 의약품을 말합니다. 화학합성 의약품과 달리 독성이 낮고 난치성 및 만성질환 치료에 효과가 큽니다. 단, 제조 비용이 높고 제조 기술이 어렵습니다.

제약·바이오 산업의 특성

국민의 건강과 직결되어 다른 산업과 두드러지는 특징들을 가지고 있습니다.

경기변동에 영향을 받지 않는다

질병 및 예방에 사용되는 의약품은 경기 변동의 영향을 덜 받는 특징이 있습니다. 계절에 따라 매출이 변동되거나 불황이라고 매출이 급감하는 일은 없습니다. 늘 일정하고 고정적인 수요에 따라 매출이 발생하며, 생명 및 건강과 직접 관련되기 때문에 가격의 높고 낮음에 관계없이 구매가 이루어집니다.

특허를 통한 보호

제약업계에서 신약을 개발할 경우 특허를 통해 장기간의 독점 판매권이 주어집니다. 제약회사에게 신약을 개발할 강력한 동기를 부여하는 것입니다. 신약을 개발하는 데는 수조 원의 자금이 필요한데 개발 도중 실패하는 경우도 굉장히 많습니다. 보통의 경우 신약을 개발하는 데 10년 이상 소요됩니다. 임상 1상부터 임상 3상까지 모두 통과해야 개발에 성공할 수 있는데 성공 확률은 극히 낮습니다. 그럼에도 불구하고 개발에 성공하면 어마어마한 수익을 얻을 수 있기 때문에 많은 제약사들이 끊임없이 신약을 개발하고 있습니다. 화이자 제약은 비아그라 하나로 20년 이상 매년 2조 원이 넘는 돈을 벌어들였습니다. 특허를 통해 독점권이 주어졌기 때문입니다.

정부의 엄격한 규제

국민의 생명과 건강에 관련된 제약 산업은 정부의 엄격한 규제를 받고 있습니다. 제품 개발부터 비임상, 임상시험, 인허가, 제조, 유통, 판매 등 전 과정을 국가에서 감독합니다. 신약이 개발되는 과정을 살펴보면 얼마나 엄격한 기준을 요구하는지 짐작할 수 있습니다. 일반적으로 신약 개발은 후보 물질을 발굴하고 동물실험을 하는 전임상 단계와 인체실험을 시행하는 임상 단계를 거칩니다. 임상은 또다시 시판 허가 전 3단계를 거치고 시판 후 임상시험까지 하는데 이 기간만 총 15년 이상 걸립니다. 그 기간 동안 물론 비용도 많이 듭니다.

| 임상시험 과정 |

구분	후보물질 발굴		IND 연구용 신약	임상시험			NDA 신약 신청	시판 후 임상 (4상)
단계	탐색 연구	동물 실험		1상	2상	3상		
목표	후보약물 발견	기초 안전성 유효성	인체실험 개시 신청	안전성 투약량 측정	약효 부작용 확인	약효 장기적 안전성	시판 승인 신청	시판 후 부작용 측정
대상	실험실 연구	동물 대상		정상인 20~30인	환자 1천 ~5천 명	환자 1천 ~5천 명		수년간 장기 모니터
소요 기간	5년	3년	1개월	1.5년	2년	3년	6개월	4~6년
성공 확률	5%	2%	85%	71%	44%	69%	80%	

출처 : 삼성경제연구소

오리지널 의약품 VS 제네릭 의약품

의약품은 개발 과정에 들어가는 막대한 비용과 시간을 고려해 20년간 특허권을 보호해줍니다. 그런데 20년이 지나면 특허 효력을 상실해 누구나 그 약을 만들 수 있습니다. 이때 처음 개발한 의약품을 오리지널 의약품이라 하고 특허가 만료되어 복제된 의약품을 제네릭 의약품(Generic Medicine)이라고 합니다.

2015년 이후부터 바이오 신약들의 특허가 하나둘 만료됨에 따라 이를 복제하는 바이오 시밀러 시장이 열리게 되었습니다. 우리나라는 셀트리온, 삼성바이오에피스 등이 바이오 시밀러 시장에 참여하고 있습니다. 약효가 같으면서도 저렴한 가격에 판매하기 때문에 앞으로 시장이 점점 커질 것으로 보입니다.

오늘의 주식 공부 SUMMARY
제약업의 특징

1. 경기 변동에 영향을 받지 않는다.
2. 특허에 의해 보호받는다.
3. 정부의 강력한 규제를 받는다.

제약업의 구분

1. 원료 의약품
2. 완제 의약품(일반 의약품 + 전문 의약품)

유통 산업

오늘의 주식 공부 POINT
- 유통업이란 무엇인지에 대해 공부해보자.
- 상적 유통의 분류와 각 특징을 알아보자.

　유통은 생산자에서 소비자로 재화와 서비스를 이전하는 활동을 말합니다. 유통업에는 물적 유통과 상적 유통이 있는데 물적 유통은 창고업, 운수업 등을 말하며, 상적 유통은 도매업과 소매업을 말합니다. 여기서는 상적 유통에 속하는 소매유통업에 대해 살펴볼 것입니다.

　유통업종은 업태에 따라 크게 백화점, 대형마트, 슈퍼마켓, 편의점, 무점포 마켓으로 구분할 수 있습니다. 여기서 무점포는 또다시 온라인 쇼핑, 홈쇼핑, 방문판매로 나눕니다. 전통 유통 채널인 백화점, 대형마트, 슈퍼마켓은 성장이 크지 않는 반면 온라인 쇼핑이 속해 있는 무점포 판매는 매년 큰 폭의 상승을 보이고 있습니다. 특히 코로나19로 인해 사회적 거리두기가 시행되면서 온라인 쇼핑의 매출은 더욱 가파르게 성장했습니다.

백화점

백화점은 매장 면적의 합계가 3,000제곱미터 이상이며 다양한 상품을 구매할 수 있도록 현대적 판매 시설과 소비 편의시설이 설치된 점포를 말합니다. 백화점을 하나 세우기 위해서는 많은 자본이 필요한 만큼 신규 진입이 어렵습니다. 우리나라 백화점 업계는 현대, 신세계, 롯데 3사가 대부분의 점유율을 차지하고 있습니다. 백화점은 시대의 흐름에 맞춰 단순히 물건을 파는 것에 그치지 않고 차별화된 고객 서비스를 제공하기 위해 노력하고 있습니다. 교외형 프리미엄 아울렛, 도심형 아울렛, 직매입 편집매장 등 다양한 시도를 통해 차별화된 유통 채널로 성장하고 있습니다.

백화점은 내점 고객에 의한 매출이 큰 비중을 차지하기 때문에 입지 여건이 굉장히 중요합니다. 상권 규모, 경쟁 점포 현황, 교통 환경, 접근성 및 주차시설 확보 등이 각 점포 및 기업의 경쟁력을 결정하는 주요한 요소이며 최근에는 건축 및 인테리어 등도 점차 중요해지고 있습니다.

백화점 업계는 저성장 추세, 소비심리 위축 등으로 성장률이 둔화되고 있습니다. 하지만 전반적인 생활수준의 향상 및 소비의 질적 향상으로 인해 고객들의 욕구가 고급화되는 것에 발맞춰 기존 고객 관리를 강화하고 신규 고객이 유입될 수 있는 다양한 여건을 만들어나가고 있습니다.

백화점은 경기변동, 계절, 소비자 성향에 따른 소비지출의 영향이 클 수밖에 없지만 고가 내구소비재 위주의 상품 구성으로 경기변동에 큰 영향을 받지 않는 고소득층을 타깃으로 하고 있습니다.

백화점의 경쟁력은 양질의 상권 확보, 구매력, 브랜드 인지도에 따라 결정됩니다. 시장의 대부분을 점유하고 있는 현대, 롯데, 신세계는 양질의 상권 확보는 물론 전국적인 네트워크망을 통한 구매 협상력, 브랜드 인지도가 달성되어 있어 신규 브랜드가 경쟁을 하기에는 진입 장벽이 높습니다.

대형마트

우리나라 「유통산업발전법」에 따르면 할인점은 용역 제공 장소를 제외한 매장 면적의 합계가 3,000제곱미터 이상인 점포의 집단으로 식품, 가전 및 생활용품을 중심으로 점원의 도움 없이 소비자에게 판매하는 점포를 말합니다.

대형마트도 백화점과 마찬가지로 입지가 중요합니다. 대형마트는 영업면적 9,900제곱미터를 기준으로 출점 비용이 약 600~700억 원 정도 소요되는데 투자 초기 단계에서 금융비용의 지출이 커서 신규 사업자가 진출하기에 진입 장벽이 높습니다. 우리나라의 대형마트 시장은 이마트, 롯데마트, 홈플러스 빅3가 지배하고 있는데 이러한 과점 체제는 앞으로도 지속될 것으로 보입니다.

대형마트는 백화점과 달리 저마진 상품을 많이 파는 박리다매형 구조를 가지고 있기 때문에 원가율이 80% 수준으로 식품류가 많은 비중을 차지합니다. 그래서 상대적으로 백화점에 비해 경기민감도가 적은 편입니다.

최근 IT 기술의 발전으로 온라인, 모바일 소비가 늘어나고 있습니다. 오픈마켓, 소셜커머스 등 다양한 경쟁 기업들이 등장함에 따라 대형마트도 온라인, 모바일 서비스에 많은 노력을 기울이고 있습니다.

제조 인프라를 가지고 있는 기업들이 다양한 채널을 통해 유통업에 진출하고 있습니다. 이에 대형마트는 자체적인 PB 상품들을 개발해 다양한 소비자 니즈를 충족하고자 노력하고 있습니다. 유용한 PB 상품들은 합리적인 가격으로 많은 고객들의 사랑을 받고 있으며 앞으로 PB 브랜드는 합리적인 소비 경향이 두드러질수록 더욱 강점을 가질 것으로 보입니다.

슈퍼마켓

기업형 슈퍼마켓은 1970년대 국내 처음 등장했습니다. 근거리 고객을 대상으로 합리적인 가격, 생필품 중심의 상품 구색, 쾌적한 쇼핑 환경 제공 등의 강점을 내세워 소비자들의 선택을 받았습니다. 대형마트에 비해 부지 소요 면적이 작고 출점 비용이 적을 뿐만 아니라 소규모 상권에도 입점이 가능해 대형마트가 미처 흡수하지 못하는 수요를 공략하고 있습니다. 슈퍼마켓은 근접성과 편리함을 강점으로 다양한 상품을 저렴한 가격에 판매하고 있습니다.

대형마트의 성장 둔화, 신규 부지 확보의 어려움 등으로 성장에 한계를 느끼던 유통기업들은 슈퍼마켓 시장으로 눈을 돌렸고, 효율적인 상품 공급망을 통해 안정적인 상품 가격을 유지하며 유통의 한 축을 담당하고 있습니다.

편의점

편의점이란 고객에게 편의를 제공하는 것을 목적으로 하는 소형 소매점입니다. 여기에서 편의란 백화점, 대형마트, 슈퍼마켓이 제공할 수 없는 4가지 편리함을 말합니다. 첫째, 쇼핑 시간의 편리함(24시간 연중무휴), 둘째, 쇼핑 장소의 편리함(근거리), 셋째, 쇼핑의 상품적 편리함(간편식품, 일용 잡화류 등 다품종 소량 판매), 넷째, 각종 생활 서비스 제공의 편리함(공공요금 수납, ATM 등)입니다. 편의점은 이런 편리성을 제공하기 위해 주로 역세권, 도로변 등에 입점하며, 24시간 영업으로 맞벌이 부부, 1인 가구 등 구매 목적이 분명한 고객들이 많이 찾고 있습니다.

통상적으로 유통업은 경기변동 및 소비심리에 매우 민감하게 반응하지만 편의점은 주로 소용량 및 생활필수품을 판매하기 때문에 경기변동에 큰 영향을 받지 않습니다. 편의점은 다수의 점포를 운영할수록 수익이 증가하는 구조입니다. 많은 점포를 유치하기 위해서는 브랜드 인지도, 물류센터, 점포운영정보시스템 구축 등이 필수적으로 선행되어야 합니다. 따라서 소규모 자본으로는 시장 진입이 어렵습니다.

유통 관련 규제와 저성장으로 유통업 전반이 어려움을 겪고 있지만 편의점은 오프라인 형태 중 유일하게 성장세를 기록하고 있습니다. 1~2인 가구 증가에 따른 근거리 소량 구매 패턴의 확산과 다양한 생활편의 서비스 기능 강화 등 편의점의 성장세는 앞으로도 지속될 것으로 보입니다.

무점포 마켓

크게 온라인 쇼핑과 홈쇼핑, 그리고 방문판매로 나눌 수 있습니다. 이 중 매출 규모가 가장 큰 것은 온라인 쇼핑입니다. 온라인 쇼핑은 매년 두 자릿수 이상의 성장률을 기록하고 있습니다. 스마트폰 보급 확대에 따른 모바일 쇼핑 증가와 오픈마켓, 소셜커머스 등이 지속적으로 성장을 이끌었고, 최근 코로나19 사태는 온라인을 일상화하는 데 큰 도움을 주었습니다.

온라인 쇼핑은 오픈마켓, 소셜커머스 등의 경쟁뿐 아니라 전통 유통 채널인 오프라인 유통과도 경쟁하고 있습니다. 시장 진출의 장벽이나 소비자의 전환 비용도 낮기 때문에 상위권 사업자의 순위 변동이 잦은 편입니다. 그만큼 치열한 경쟁을 하고 있습니다.

홈쇼핑은 TV 영상 매체를 이용하여 상품 정보를 시청자에게 제공하고 이를 통해 상품을 판매하는 유통산업입니다. 상품의 특성과 용도에 대한 자세한 설명을 통해 시청자로부터 전화, 인터넷, 모바일로 주문을 받고 엄격한 품질관리를 통과한 상품을 고객이 희망하는 장소까지 배송해줍니다. 홈쇼핑을 하기 위해서는 전략적인 상품 소싱, 체계적인 물류 시스템, 효율적인 고객 데이터 관리와 다양한 서비스 제공이 필수적이며, 방송이라는 특성상 신뢰성과 공익성이 강조되는 채널입니다. 우리나라는 GS홈쇼핑, CJ ENM, 현대홈쇼핑, 롯데홈쇼핑, NS쇼핑, 홈앤쇼핑, 아임쇼핑 총 7개 회사가 영업을 하고 있습니다.

홈쇼핑은 1년 중 연말 효과로 인해 4분기가 가장 좋은 실적이 나오는 시기입니다. 기본적으로 경기 상황에 따라 사업의 영향을 받지만 상황에 따른 적절한 상품 구성으로 그 영향을 최소화하고 있습니다.

오늘의 주식 공부 SUMMARY
유통의 정의와 분류

- 정의: 생산자에서 소비자로 재화와 서비스를 이전하는 활동
- 분류: 백화점, 대형마트, 슈퍼마켓, 편의점, 무점포 마켓

조선 산업

오늘의 주식 공부 POINT
● 조선업에 대해 알아보자.
● 조선업에서 나타나는 거래의 특성을 공부해보자.

　　조선 산업은 각종 선박, 해양구조물 등을 개발하고 제조하는 분야입니다. 조선업은 선대, 도크, 크레인 같은 대규모 설비를 필수적으로 갖추어야 하기 때문에 막대한 설비투자가 필요한 장치산업이자 자본집약적 산업입니다.

　　건조 공정이 매우 다양하면서도 자동화 시스템으로는 한계가 있기 때문에 다수의 기술 및 기능 인력을 필요로 하는 노동집약적 산업으로 높은 고용 효과를 유발하기도 합니다. 사업 특성상 해운산업의 시황에 영향을 많이 받으며, 철강 기계 산업에 많은 영향을 미칩니다.

선박의 구분

　　선박은 사용 목적에 따라 상선, 함정, 특수 작업선으로 구분할

상선	여객선	일반 여객선, 화객선, 연락선
	화물선	일반 화물선 또는 잡화선
		전용선: 목재전용선, 광석전용선, 석탄전용선, 곡물전용선, 시멘트전용선, 유류전용선, 화학물전용선, 액화가스전용선
		컨테이너전용선, 자동차전용선 등
어선		어로선
		어획물 운반선
	특수 어선	어업조사선, 어업지도선, 어업시험선 등
특수선		실습선, 측량선, 준설선, 병원선, 해저 전선 부설선, 예인선, 소방선, 등대선 등
군함		항공모함, 순양함, 구축함, 호위함, 잠수함, 고속정 등

수 있습니다.

상선은 화물의 종류나 특성에 따라 탱커선, 겸용선, 건화물선, 여객선으로 구분합니다. 탱커선은 원유, 가스 등을 운반하는 선박이며, 겸용선은 두 종류 이상의 화물을 운반하는 선박을 말합니다. 건화물선은 석탄, 철광석, 곡물 등을 운반하는 벌크선, TV, 냉장고 등과 같은 완제품을 실어 운반하는 컨테이너선 등이 포함됩니다.

조선업종의 거래 특성

조선업의 업황은 세계 경제 흐름과 밀접한 관련이 있지만 선박의 종류에 따라 다른 변동 요인을 갖기도 합니다. 벌크선은 철광석, 곡물 등의 원자재 수급 상황에 따라 수요가 변동하며 유가에 따라 탱커선 및 해양 플랜트 수요가 변동합니다.

선박은 고가이면서 장기간의 건조 기간이 소요되므로 선주는 조선사의 프로세스에 따라 대금을 지급합니다. 대금 지급 방식은 헤비테일(Heavy-tail), 톱헤비(Top Heavy), 스탠더드(Standard) 방식이 있습니다.

- 헤비테일 방식: 선박 인도 시점에 대부분의 선박 대금을 지급하는 방식입니다. 선박이 인도될 때까지 자금의 유동성이 요구됩니다.
- 톱헤비 방식: 선주가 계약 시점에 대부분의 선박 대금을 지급하는 방식입니다. 대신 선박 할인율이 높아집니다.
- 스탠더드 방식: 계약, 블록 제조, 블록 조립, 진수, 인도 과정에서 각각 선박 대금을 20%씩 지급하는 방식입니다. 가장 많이 사용됩니다.

조선사들은 대부분 결제 대금을 달러로 지급받기 때문에 선박 대금 수령 시의 환율에 따라 수익성이 달라지기도 합니다. 이 같은 환율 위험을 줄이기 위해 파생상품을 통해 환헤지를 하고 있습니다. 조선업의 경우 같은 규모의 계약이라도 선박 계약을 어떤 식으로 하느냐에 따라 회계 처리가 달라집니다.

예를 들어 톱헤비 방식으로 선수금을 많이 받는 계약을 하면 호황기에는 부채비율이 높아지고 불황기에는 부채비율이 낮아집니다. 그래서 부채비율만을 보고 안정성을 따지기가 어렵습니다. 조선업체의 재무 상태는 부채비율, 순차입금, 선수금의 사용처와 유보율 등을 종합적으로 따져봐야 합니다.

오늘의 주식 공부 SUMMARY
조선업의 정의와 계약 유형

- 조선업: 선대, 도크, 크레인 같은 대규모 설비를 갖추고 각종 선박, 해양 플랜트 등을 개발하고 제조하는 산업
- 헤비테일 방식: 선박 인도 시점에 대부분의 선박 대금을 지급하는 방식
- 톱헤비 방식: 선주가 계약 시점에 대부분의 선박 대금을 지급하는 방식
- 스탠더드 방식: 계약, 블록 제조, 블록 조립, 진수, 인도 과정에서 각각 선박 대금을 20%씩 지급하는 방식

건설 산업

오늘의 주식 공부 POINT
- 건설업의 분류에 대해 알아보자.
- 토목, 건축, 플랜트 부문의 특징에 대해 알아보자.

건설이란 건물, 설비, 시설 따위를 만드는 것을 말합니다. 아파트나 빌딩, 고속도로, 댐, 공항, 항만 등을 만드는 것이 모두 건설업에 해당합니다. 건설업은 공사의 종류에 따라 토목, 건축, 플랜트로 나뉩니다. 토목은 땅과 하천 따위를 고쳐 만드는 공사를 말하며, 건축은 집이나 성, 다리 따위의 구조물을 그 목적에 맞게 만드는 것을 말합니다. 플랜트는 산업기계, 공작기계, 전기, 통신기계 따위를 모두 아우르는 생산시설이나 공장을 만드는 것입니다. 국내 건설업은 진입 장벽이 낮아 6만 개 이상의 업체가 난립할 정도로 경쟁 강도가 강합니다.

토목 부문

국토개발 사업, 항만공사, 철도, 도로 및 교량공사, 물환경·수

사업부분	주당순이익(EPS)	PER 지표
토목	현대건설, 현대엔지니어링, 현대스틸산업 등	터널, 교량, 도로공사, 택지조성, 철구조물 제작 및 설치 등
건축/주택	현대건설, 현대엔지니어링, 송도랜드마크시티, Hyundai Engineering&Construction(Wuxi) Co., Ltd., Hyundai E&C Vina Co., LTD., 등	공공건축물 및 초고층빌딩, 아파트 등
플랜트	현대건설, 현대엔지니어링, Middle East Engineering&Development Co., Ltd. 등	석유화학, 담수, 신산업 플랜트, 송변전, 전기공사, 원자력 공사 등
기타	현대건설, 현대엔지니어링, 현대스틸산업, 현대도시개발, 현대서산농장, 현대종합설계건축사사무소, Hyundai E&C Vina Song Gia Co., Ltd. 등	부동산 개발, 소프트웨어 설치, 축산업, 부동산임대, 휴양 콘도 운영업, 증기, 냉온수 및 공기조절 공급업 등

처리 사업 등 국가 경제 발전의 근간이 되는 인프라 건설을 합니다. 토목 사업은 생산, 고용 및 부가가치 창출 측면에서 전후방 효과가 큰 산업이며, 국민 생활 및 환경에 영구적인 영향을 미치는 중요한 특성을 지니고 있습니다. 최근의 토목 사업은 해외 사업의 비중이 점차 커지고 있습니다.

토목 사업은 국가 경제에 큰 영향을 받는 분야입니다. 국가 경제 침체기에는 정부가 고용 유발 및 경기부양 목적에 따라 사회 간접자본 및 국책사업을 하게 되는데 이때 좋은 성과를 냅니다.

건축 부문
주거, 사무, 체육, 문화, 첨단산업 등 광범위한 종류의 건축물을 포함하며 재개발, 재건축, 아파트 등과 같은 주택 사업까지 포함합니다. 건축 사업은 기술 및 트렌드에 민감하게 반응하는 특성을 지닙니다. 특히 주택 사업의 경우 경기 동향이나 고객의 니즈에 민감한 특성을 가지고 있습니다.

건축 사업은 국민의 주택 구매력이 뒷받침되어야 사업이 활성화되기 때문에 국내외 경기에 매우 민감하게 반응합니다. 또한 정부의 주택 관련 정책과 규제에 따라 수급과 가격이 변동합니다. 건축 사업은 국내에서는 성숙 단계로 넘어가고 있으며 시장이 변화함에 따라 개발 중심에서 리츠 연계 임대업, 노후 건축물 리모델링, 시설 유지 보수 등과 같은 신규 사업 분야로 시장 영역이 점차 전환될 것으로 보입니다.

플랜트 부문

석유화학 플랜트(가스 처리, 정유, 석유화학, 해양설비 시설 등)와 각종 산업설비, 원자력 사업으로 구분합니다. 플랜트는 설계, 구매, 시공 등을 일괄 제공하는 턴키 방식으로 프로젝트가 수행되고 발주처의 요구 사항을 모두 충족해야 하기 때문에 턴키 수행 능력이 중요한 경쟁력이 됩니다. 따라서 고도의 기술력은 물론 광범위한 지식 서비스까지 필요로 하는 고부가가치 산업입니다. 설계 및 엔지니어링부터 컨설팅, 기자재 제작, 시공, 시운전, 자금 조달까지 여러 부문에 걸쳐 수익 창출이 가능합니다.

이와 같은 플랜트 사업은 소수의 공공 또는 민간 발주자에 의해 발주가 이루어지고 복잡한 공정을 거치기 때문에 기획력, 기술력, 자본력, 사업관리 능력, 프로젝트 수행 경험을 가진 일부 기업들만 참여할 수 있습니다. 후발 기업들의 신규 진입이 쉽지 않은 것이죠. 플랜트 사업은 국제 유가와 석유 소비량, 세계 각국 에너지 정책의 영향을 받습니다. 특히 국제 유가의 변동은 플랜트 시설 투자에 직접적인 영향을 미칩니다.

오늘의 주식 공부 SUMMARY
건설업의 정의와 분류

건설업: 건물, 설비, 시설 따위를 만드는 것
1. 토목: 국토개발 사업, 항만공사, 철도, 도로 및 교량공사, 물환경·수처리 사업 등 국가 경제 발전의 근간이 되는 인프라 건설
2. 건축: 주거, 사무, 체육, 문화, 첨단산업 등 광범위한 종류의 건축물을 포함하며 재개발, 재건축, 아파트 등과 같은 주택 사업까지 포함하는 사업
3. 플랜트: 산업기계, 공작기계, 전기, 통신기계 따위를 모두 아우르는 생산시설이나 공장을 만드는 사업

은행·증권·보험 산업

오늘의 주식 공부 POINT
- 은행업이란 무엇이고, 은행의 비즈니스 구조에 대해 알아보자.
- 증권업이란 무엇이고, 증권사의 비즈니스 구조에 대해 알아보자.
- 보험업이란 무엇이고, 보험사의 비즈니스 구조에 대해 알아보자.

　　우리 주변에는 돈이 부족한 사람도 있는 반면 돈이 풍족한 사람도 있습니다. 돈이 부족한 사람은 돈을 빌리고 싶을 것이고, 돈이 풍족한 사람은 어딘가에 투자하고 싶을 것입니다. 금융회사는 돈을 빌리려는 사람과 투자하려는 사람 사이를 연결해 자금의 순환을 돕는 역할을 합니다. 은행은 공급자와 수요자를 간접적으로 연결하는 간접금융으로 공급자에게 싸게 자금을 받아 수요자에게 비싸게 빌려줘 수익을 창출하는 반면 증권사는 이 둘을 직접 연결해줌으로써 주선의 대가로 수수료를 받습니다.

은행업

　　은행업은 자금 중개라는 본질적인 기능을 수행합니다. 예금, 적금의 수입 또는 유가 증권 및 기타 채무증서의 발행을 통해 자금을 조달하는 수신 업무와 대출 또는 어음 할인을 통해 자금을 운영하는 여신 업무 그리고 환업무를 말합니다. 쉽게 말해 자본시장을 통하여 자금의 수요자와 공급자를 간접적으로 연결해주고 수익을 창출하는 것이지요. 여수신 업무라고 하는데 고객의 예금으로 자금을 조달하고 이를 자금이 필요한 또 다른 고객에게 대출해주는 것입니다. 이를 예대마진이라고 하는데 대출금리와 예금금리의 차이를 의미합니다. 이 예대마진이 클수록 은행의 이익이 커집니다.

예대마진을 높이기 위해서는 낮은 금리로 돈을 조달하고 높은 금리로 공급하면 됩니다. 하지만 금리가 낮으면 사람들이 예금을 하지 않기 때문에 자금을 얼마나 저렴한 금리로 조달할 수 있는가가 은행의 경쟁력이 됩니다. 낮은 금리를 주면서도 고객을 이탈시키지 않는 은행이 유리합니다.

예대마진과 더불어 순이자마진도 은행의 수익성을 결정하는 중요한 요인입니다. 순이자마진이란 운용 수익에서 조달비용을 차감해 운용 자산 총액으로 나눈 것입니다. 쉽게 말해 은행의 예대마진에 채권 등에 투자해 벌어들인 수익까지 더한 이익입니다.

통상적으로 금리가 상승하면 은행업계의 수익이 증가합니다. 대출은 변동금리 위주로 하고, 예금은 고정금리 위주로 운용하기 때문에 금리가 상승할 때는 대출금리가 빠르게 오르고 예금금리는 천천히 오릅니다. 이에 따라 금리가 상승하면 은행의 이익은 증가합니다.

은행업은 부동산 경기와도 밀접한 연관이 있습니다. 상당 부분 부동산 담보대출을 하기 때문입니다. 따라서 경제위기로 부동산 가격이 하락하면 은행이 가지고 있는 담보 부동산의 가치도 하락하여 은행의 자산 건전성이 악화됩니다. 은행 입장에서는 부동산 규제에도 많은 영향을 받게 됩니다.

은행은 시중은행, 지방은행, 인터넷전문은행으로 나눌 수 있습니다. 아직까지는 KB국민은행, 우리은행, 신한은행, KEB하나은행 등 시중은행이 시장을 점유하고 있지만, 케이뱅크, 카카오뱅크, 토스뱅크와 같은 인터넷 전문은행들의 진출로 경쟁이 점차 치열해지고 있습니다. 또한 본인신용정보관리업(마이데이터), 종합지급결제업 등 새로운 사업자가 등장할 경우 고객 이탈 방지와 신규 고객 유치 경쟁은 더욱 심화될 것으로 보입니다. 이처럼 업종 간 경계가 허물어지는 빅블러(Big Blur) 현상은 전 세계적인 흐름이며 산업 전반이 개편되고 있습니다.

증권업

증권업은 자본시장을 통하여 자금 수요자인 기업과 자금 공급자인 가계를 직접 연결하는 업무를 수행합니다. 기업은 장기 산업자금을 조달할 수 있고, 개인은 주식과 채권을 포함한 금융자산에 투자할 기회를 얻습니다. 사회적으로는 재산 및 소득의 재분배에 기여함으로써 자본시장과 금융 시스템의 핵심적 역할을 수행합니다.

증권업의 주요 사업 영역은 첫째, 유가증권 중개 및 매매, 각종 금융상품 개발 및 판매, 고객 포트폴리오 설계 등의 자산관리 업무, 둘째, 유가증권 인수 및 발행, 기업 자금 조달, M&A 등의 투자은행 업무, 셋째, 자기자본 투자, 고객 상품 운용과 같은 트레이딩 업무 등으로 구분할 수 있습니다. 증권업은 국가의 경제 상황은 물론 해외시장의 동향에도 민감하게 반응하는 특성을 지니고 있습니다.

증권업은 크게 5가지로 분류해볼 수 있습니다.

- 투자매매업: 누구의 명의로 하든 자기의 계산으로 금융투자 상품의 매도·매수, 증권의 발행·인수 또는 그 청약의 권유, 청약, 청약의 승낙을 영업으로 하는 것을 말합니다.
- 투자중개업: 누구의 명의로 하든 타인의 계산으로 금융투자 상품의 매도·매수, 그 청약의 권유, 청약, 청약의 승낙 또는 증권의 발행·인수에 대한 청약의 권유, 청약, 청약의 승낙을 영업으로 하는 것을 말합니다.
- 투자자문업: 금융투자 상품의 가치 또는 금융투자 상품에 대한 투자 판단(종류, 종목, 취득·처분, 취득·처분의 방법·수량·가격 및 시기 등에 대한 판단)에 관한 자문에 응하는 것을 영업으로 하는 것을 말합니다.
- 투자일임업: 투자자로부터 금융투자 상품에 대한 투자 판

단의 전부 또는 일부를 일임받아 투자자별로 구분하여 금융투자 상품을 취득·처분, 그 밖의 방법으로 운용하는 것을 영업으로 하는 것을 말합니다.

• 신탁업: 신탁을 영업으로 하는 것을 말합니다.

증권업에서 경쟁력을 좌우하는 주요 요인으로는 우량 고객 기반 확보, 차별화되고 안정된 비즈니스, 상품 개발 경쟁력, 우수한 영업 인력 보유, 금융 계열사 네트워크 활용, 강력한 IT 보안 시스템 등이 있습니다.

현재 우리나라에는 57개(2020년 말 기준) 증권사가 있으며 대형 증권사들은 대기업 혹은 금융지주 회사의 계열사인 경우가 대부분입니다. 대형 증권사들은 인지도가 높고 폭넓은 영업망을 활용해 대부분의 부문에서 고른 수익을 달성하고 있지만, 중소형 증권사는 낮은 인지도와 열악한 영업망으로 위탁 매매에 집중하는 양상을 보입니다.

물론 일부 부문에 특화된 중소형 증권사들도 있습니다. 키움증권은 온라인 주식거래 서비스를 중점으로 브로커리지(Brokerage, 중개)에 차별화되었고, 신영증권은 자기매매 부문에 강점이 있습니다.

보험업

보험업은 사회보장제도의 부족한 부분을 담당합니다. 우리가 많이 가입하는 실비보험, 암보험, 사망보험 등은 우리 사회의 부족한 사회보장제도를 보완해주는 역할을 합니다. 보험 산업은 이처럼 공적인 성격이 강하기 때문에 국가의 규제를 많이 받습니다. 보험사업을 하는 데도 국가의 허가가 필요합니다. 그래서 기존 보험사들은 높은 진입 장벽의 울타리 내에서 사업을 할 수 있습니다.

보험업은 상품에 따라 크게 생명보험과 손해보험으로 나눕니다. 생명보험은 사람의 생명을 바탕으로 설계되고, 손해보험은 재산상의 손해를 바탕으로 설계됩니다.

생명보험업

생명보험업에서는 크게 사망보험, 생존보험, 생사혼합보험, 단체보험, 변액보험, 퇴직연금, 퇴직보험 등을 다룹니다. 사망보험은 피보험자가 사망 시에 보험금을 지급하며 반대로 생존보험은 피보험자가 사망하지 않았을 때 받는 보험입니다. 생사혼합보험은 사망보험과 생존보험을 결합한 것으로 사망하든 생존하든 어떤 경우이든 보험금을 수령합니다. 단체보험은 회사 등의 단체가 가입하는 생명보험이며, 변액보험은 보험료 중 일부를 주식이나 채권 등에 투자하여 운용 실적을 가입자에게 나눠주는 보험입니다. 퇴직연금과 퇴직보험은 비슷한 개념으로 퇴직 시

보험금을 수령하는 보험입니다.

국내에는 25개 생명보험사가 있는데 삼성생명, 한화생명, 교보생명 대형 3사를 필두로 금융지주 계열사, 중소형사, 외국계 보험사가 경쟁하고 있습니다.

손해보험업

손해보험은 자동차보험, 장기보험, 일반보험으로 나뉩니다. 자동차보험이란 자동차 사고 등으로 발생한 손실을 보존받을 수 있는 보험이며, 장기보험은 보험 기간이 1년 이상인 보험으로 상해, 질병, 저축성 보험 등을 말합니다. 일반보험은 화재, 해상, 특종보험 등을 바탕으로 설계된 보험입니다.

2009년부터 보험사들이 저축성 보험 판매를 강화하면서 장기보험 가입이 늘어나 손해보험 산업은 높은 성장률을 보였습니다. 하지만 2013년 이후 저금리 기조와 세제 혜택이 축소되면서 성장세가 꺾였습니다.

국내 손해보험 업계는 삼성화재, 현대해상, DB손해보험, KB손해보험 대형 4개사와 중소형 6개사가 경쟁하고 있으며 대형 4개사가 과점을 하고 있는 상황입니다.

보험업의 수익구조
은행이 예금을 통해 자금을 조달한다면 보험사는 보험 상품을 통해 자금을 조달한 후 투자를 통해 수익을 냅니다. 보험료의 구조를 살펴보면 보험사의 이익 원천을 더 자세히 알 수 있습니다. 보험료는 순보험료와 부가보험료로 나뉘며 순보험료는 다시 위험보험료와 저축보험료로 나뉩니다. 여기서 순보험료는 사고 발생 확률을 산정하는 보험료를 말합니다. 반면 부가보험료는 보험 사업을 영위하는 데 필요한 순보험료 이외에 계약 관리상의 비용을 말합니다. 모집인에 대한 수수료, 광고비용 등이 여기에 속합니다.

보험료를 구성하는 위험보험료, 저축보험료, 부가보험료는 각각 사차익, 이차익, 비차익의 기준이 되는데 사차익이란 실제 위험과 예상한 위험의 차이로 발생하는 차익입니다. 예를 들어 100명이 가입하면 30명이 암에 걸릴 것으로 예상했는데 실제로는 10명이 암에 걸렸다면 20명만큼 사차익이 되는 것입니다. 이차익은 실제 운용수익률과 예정 이율의 차이에 의해 발생합니다. 보험금도 은행예금처럼 일정 부분 이자를 붙여서 돌려주는데 고객에게 주는 이자가 실제 운용해서 버는 이자보다 적으면 이차익이 되는 것입니다. 마지막으로 비차익은 예정 사업비와 실제 사업비의 차이입니다. 사업비를 100억 원으로 예상했는데 실제 50억 원밖에 지출되지 않았다면 50억 원은 비차익이 되는 것입니다.

- 손해율: 보험료 수입에서 보험금 지급액 등 손해액이 차지

하는 비율

- 사업비율: 보험료 수입에서 인건비, 마케팅 비용, 모집 수수료 등 영업을 위해 쓰인 비용의 비율
- 합산비율: 손해율 + 사업비율

오늘의 주식 공부 SUMMARY

은행이 돈을 버는 방법

은행은 여수신 업무를 통해 돈을 번다. 예금과 대출의 금리 차이를 이용한 예대마진이 주된 수입원이며 통상적으로 금리가 상승하면 은행의 수입도 늘어난다.

증권사가 돈을 버는 방법

1. 자산관리 업무
2. 투자 업무
3. 트레이딩 업무

보험사가 돈을 버는 방법

1. 사차익: 실제 위험과 예상 위험의 차이로 발생하는 이익
2. 이차익: 운용수익률과 예정 이율의 차이로 발생하는 이익
3. 비차익: 예정비와 실제 사업비의 차이로 발생하는 이익

8장

주식 대가들은
어떻게 투자하나요?

워런 버핏의 투자법
싸게 사라

오늘의 주식 공부 POINT
- 워런 버핏의 투자 원칙을 배워보자.

    주식투자자 중에서 가장 유명한 사람이 누구일까요? 아마도 워런 버핏을 가장 많이 이야기할 것입니다. 세계적으로도 손꼽히는 부자이기도 하지만, 그의 투자법은 가장 안전하고 높은 수익을 내는 방법으로 많은 사람들이 배우고 싶어 합니다. 1년에 한 번, 그가 경영하는 버크셔 해서웨이의 주주총회가 있는 날이면, 그가 살고 있는 '오마하'라는 작은 동네는 전 세계인의 축제의 장이 됩니다. 이뿐만 아니라 그는 자신과 점심을 먹을 수 있는 기회를 경매에 내놓기도 하는데 그 액수가 수십억 원에 달합니다. 그렇다고 비싼 음식을 먹는 것도 아닙니다. 그의 이야기를 듣고 싶기에 그만한 금액을 선뜻 낼 수 있는 것이지요. 그는 대체 어떤 방법으로 투자하는 것일까요?

워런 버핏의 투자 원칙 1. 절대 원금을 잃지 마라

워런 버핏은 2가지 투자 원칙을 가지고 있다고 밝혔습니다.

제1원칙: 절대로 돈을 잃지 말라.

제2원칙: 절대 제1원칙을 잊지 말라.

이 원칙만 보더라도 워런 버핏이 얼마나 돈을 잃는 것을 싫어하는지 알 수 있습니다. 실제로 워런 버핏은 가치투자자로서 저평가되어 있는 주식을 선호했습니다. 이러한 투자 스타일은 가치투자의 아버지라고 불리는 벤저민 그레이엄의 영향을 받은 것인데 실제로 그의 제자이기도 합니다. 그렇다면 벤저민 그레이엄은 어떤 투자법을 워런 버핏에게 가르쳤을까요?

벤저민 그레이엄의 투자 스타일을 알려주는 2가지 단어가 있습니다. 바로 '담배꽁초 전략'과 '안전 마진'입니다. 담배꽁초 전략은 사람들이 피우고 버린 담배꽁초에서 한 모금이라도 빨 수 있으면 담배꽁초를 줍는 것입니다. 여기서 담배 한 모금은 그 주식의 가격와 가치의 차이를 상징합니다. 주식의 가격과 실제 가치가 약간이라도 차이가 있다면 그 주식에 투자해 수익을 보는 전략입니다.

예를 들어 A라는 기업의 내재가치가 1,000원인데 주가가 800원에 거래되고 있다면, 그 주식을 매수해서 내재가치인 1,000원에 가까워졌을 때 파는 것입니다. 여기서 내재가치와 가격의 차이를 벤저민 그레이엄은 안전 마진이라고 불렀습니다. 시간이 지나면 결국 주가는 내재가치에 수렴할 것이므로 안전 마진을 확보한 상태에서 주식을 매수하는 것입니다. 안전 마진을 많이 확보할수록 주가가 하락할 위험이 적기 때문에 내 돈을 잃을 가능성이 적어집니다.

워런 버핏의 투자 원칙 2. 복리 효과를 이용하라

워런 버핏은 복리 효과를 굉장히 강조한 투자자입니다. 그가 현재까지 모은 재산의 99% 이상이 50세 이후에 만들어진 것임을 강조하면서 장기적으로 투자해서 복리 효과를 충분히 누려야 한다고 말합니다. 이런 워런 버핏의 복리 효과를 상징하는 단어가 있습니다. 바로 '스노볼(snowball)'입니다. 눈덩이를 굴리면 굴릴수록 점점 커지는 것처럼 돈 역시 복리 효과를 누리면 눈덩이처럼 점점 커지게 된다는 뜻입니다.

워런 버핏은 실제로 〈월스트리트저널〉과의 인터뷰에서 자신이 부를 축적한 비결로 므두셀라 기법(Methuselah Technique)을 강조했는데 복리 효과를 누리면서 장기간 투자하는 것을 말합니다. 므두셀라 기법의 효과는 워런 버핏의 나이별 자산 규모를 살펴보면 더 분명하게 느낄 수 있습니다. 워런 버핏의 자산 규모가 60세가 넘어서부터 급격하게 증가하고 있습니다. 시간이 지날수록 복리의 힘은 점점 세지기 때문에 자산의 증가 속도도 더욱

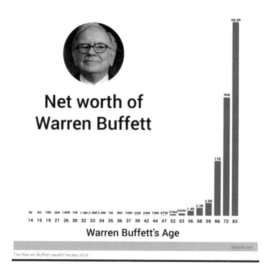

Net worth of
Warren Buffett

Warren Buffett's Age

The Warren Buffett wealth hockey stick

커지는 것입니다.

워런 버핏의 투자 원칙 3. 집중투자를 하라

많은 사람들이 주식투자를 할 때 분산투자를 해야 한다고 알고 있을 것입니다. 물론 분산투자를 하면 위험을 분산하는 장점이 있습니다. 하지만 위험이 분산되는 만큼 수익도 분산되기 때문에 수익을 극대화하기 어렵습니다. 워런 버핏은 집중투자에 대해 이렇게 이야기한 적이 있습니다.

6개의 놀라운 기업을 발견했다면 그것이 당신에게 필요한 전부입니다. 그 6개의 종목 중 첫 번째 종목에 투자하지 않고 일곱 번째 종목에 투자한다는 것은 엄청난 실수라고 말하고 싶습니다. 일곱 번째 아이디어에 근거해서 부자가 된 사람은 없습니다. 부자가 된 많은 사람들은 자신이 떠올린 최고의 아이디어로 부자가 될 수 있었습니다. 나는 자신이 몸담고 있는 사업을 제대로 알고 있는 사람이 보통의 자본을 가지고 투자할 때 6가지 정도면 충분하다고 말하고 싶습니다. 그리고 나라면 내가 최고라고 생각하는 기업으로 절반을 채우겠습니다.

투자를 하다 보면 여러 가지 투자 아이디어가 떠오를 것입니다. 그리고 투자 아이디어를 조금 더 곰곰이 생각하다 보면 가장 좋은 아이디어와 좋은 아이디어로 구분할 수 있을 것입니다. 그 중 최고의 아이디어에 투자하지 않고 군이 그것보다 좋다고 생각하지 않는 아이디어에 내 돈을 분산시킬 필요가 있을까요? 최고라고 생각하는 곳에 내 돈을 모두 집중투자를 할 때 최고의 수익률을 기대해볼 수 있습니다.

오늘의 주식 공부 SUMMARY
워런 버핏의 투자 원칙

1. 절대로 돈을 잃지 말라.
2. 복리 효과를 이용하라.
3. 집중투자를 하라.

피터 린치의 투자법

일상생활에서 10배
상승할 주식을 찾아라

오늘의 주식 공부 POINT
● 피터 린치의 투자법에 대해 공부해보자.

피터 린치는 피델리티펀드의 펀드매니저 출신으로 1977년부터 13년간 마젤란펀드를 운용했습니다. 마젤란펀드는 1977년부터 1990년까지 연평균 29%라는 놀라운 수익률을 올렸는데 누적 수익률로 환산하면 무려 2,700%에 달하는 수치입니다. 마젤란펀드 초창기에 1,000만 원을 맡겼다면 무려 27억 원이 되었다는 뜻입니다. 피터 린치는 어떻게 투자했기에 그렇게 높은 수익률을 달성할 수 있었을까요?

생활 속에서 투자 아이디어를 발견하라

피터 린치는 자기 생활 속에서 투자할 기업을 찾았습니다. 어느 날 그는 매일 아침 직장인들이 던킨도너츠를 먹는 것을 발견하고 던킨도너츠 기업에 관심을 갖기 시작했으며 실제로 투자해서 많은 수익을 올렸습니다. 이뿐만이 아닙니다. 부인이 '레그스'라는 스타킹을 매일 신는 것을 보고 헤인스라는 기업에 투자를 했으며, 딸이 갭(GAP)이라는 의류 브랜드를 선호하는 것을 보고 투자해 좋은 수익을 냈습니다. 이처럼 피터 린치는 우리 일상을 잘 지켜본다면 충분히 투자 아이디어를 얻을 수 있으며 좋은 성과를 낼 수 있다고 말합니다.

실제로 우리나라에도 이와 비슷한 사례가 있습니다. 크라운제과에서 만든 허니버터칩이라는 과자가 있습니다. 이 과자의 인기가 얼마나 좋았는가 하면 늘 품절 상태로 구하지 못할 정도였습니다. 중고거래 시장에서 웃돈을 얹어 거래되었고, 그마저도 구하기가 쉽지 않았습니다. 이 과자의 열풍을 보고 크라운제과의 주식을 샀더라면 짧은 시간 동안 높은 수익률을 올릴 수 있었을 것입니다. 실제로 크라운제과의 주가는 3개월간 40% 이상 상승했습니다.

피터 린치는 이처럼 우리 주변에서 투자 아이디어를 얻었고, 이렇게 투자한다면 개인투자자들이 결코 전문 투자자들에 비해 불리하지 않다고 생각했습니다.

자신이 이해하지 못하는 비즈니스를 하는 기업은 투자하지 않는다

피터 린치는 그 기업이 어떻게 돈을 버는지 이해되지 않으면 투자하지 않았습니다. 다시 말해 어린아이들도 이해할 수 있는 간단한 사업구조를 가진 기업들에 투자했습니다. 던킨도너츠는 도너츠를 팔아서 돈을 버는 기업입니다. 갭은 옷을 팔아서 돈을 버는 기업입니다. 이처럼 기업이 어떻게 돈을 벌고 있는지 짧고 쉽게 설명할 수 없다면 투자하지 않았습니다. 이것은 내가 잘 알지 못하는 분야는 투자하지 말라는 것과 같습니다.

하지만 많은 사람들이 그 기업이 어떻게 돈을 버는지 이해하지 못한 채 투자하는 경우가 많습니다. 예를 들어 호텔신라는 이름에서 짐작할 수 있듯이 우리나라 최고의 호텔을 운영하는 기업입니다. 그런데 이 호텔신라가 호텔업으로만 돈을 벌까요? 호

| 사업부문별 요약 재무현황 | (단위: 백만 원)

구분		제48기		제47기		제46기	
		금액	비중	금액	비중	금액	비중
TR	매출	2,805,211	88.0%	5,204,485	91.0%	4,236,960	89.9%
	영업손익	(127,498)	69.0%	267,031	90.3%	196,079	93.8%
	자산	1,880,580	65.0%	2,802,918	79.5%	2,084,554	90.5%
호텔 & 레저 등	매출	435,293	13.7%	570,536	10.0%	531,824	11.3%
	영업손익	(57,863)	31.0%	28,823	9.7%	13,020	6.2%
	자산	1,269,142	43.9%	977,525	27.7%	486,541	21.1%
연결조정	매출	(52,439)	(1.6%)	(57,715)	(1.0%)	(55,111)	(1.2%)
	영업손익	80	0.0%	6	0.0%	6	0.0%
	자산	(255,879)	(8.8%)	(253,162)	(7.2%)	(267,353)	(11.6%)
전사	매출	3,188,065	100.0%	5,717,306%	100.0%	4,713,673	100.0%
	영업손익	(185,280)	100.0%	295,860	100.0%	209,105	100.0%
	자산	2,893,842	100.0%	3,527,281	100.0%	2,303,742	100.0%

텔신라의 사업보고서를 한번 살펴보겠습니다.

TR 부문에서 매출이 90% 정도 발생하고, 호텔&레저의 매출은 10%에 불과합니다. 여기서 TR(Travel Retail)은 면세점 사업입니다. 즉, 호텔신라는 면세점으로 돈을 버는 기업입니다. 이처럼 많은 사람들이 그 기업이 어떻게 돈을 버는지 잘 모르고 투자하는 경우가 많습니다. 아니면 지레짐작으로 그걸로 돈을 벌겠지 생각하고 투자하죠. 그래서 바이오주가 열풍일 때는 기업 이름에 바이오라는 단어만 들어가도 주가가 오릅니다. 대통령 선거 때가 되면 유력 대통령 후보와 어떤 친분이 있다는 한마디에 주식투자를 하기도 합니다. 피터 린치는 자신이 잘 모르는 기업에는 절대 투자하지 말라고 합니다. 어린아이도 이해할 수 있는 단순한 사업 모델을 가지고 있고 자신이 잘 아는 기업에 투자하라고 조언합니다.

성장하는 기업에 투자하라

피터 린치는 성장하는 기업에 투자하는 것을 좋아했습니다. 그래서 PEG라는 지표를 만들어 사용했는데 이는 성장주의 가치를 평가하는 비율입니다.

PEG = PER / EPS 증가율 × 100

PEG는 PER과 마찬가지로 수치가 낮게 나올수록 좋은 것입니다. 피터 린치는 PEG가 0.5 이하일 때 매수하고, 1.5 이상이면 매도하라고 말합니다. 이 PEG를 이용해서 피터 린치는 10루타(Ten Bagger, 10배) 상승할 종목을 찾았는데, 주로 대형주보다는 남들이 관심을 덜 갖는 중소형주였고 업황이 바닥에 있는 종목들이었습니다.

오늘의 주식 공부 SUMMARY
피터 린치의 투자법

1. 생활 속에서 투자 아이디어를 찾아라.
2. 자신이 이해하지 못하는 비즈니스에는 투자하지 않는다.
3. 성장하는 기업에 투자한다.

필립 피셔의 투자법
위대한 기업에 투자하라

오늘의 주식 공부 POINT
● 필립 피셔가 위대한 기업을 찾기 위해 꼭 물어보는 15가지 질문들에 대해 알아보자.
● 반드시 하지 말아야 하는 10가지 행동에 대해 알아보자.

    현재 세계 최고의 투자가로 손꼽히는 워런 버핏에게는 2명의 스승이 있었습니다. 한 명은 안전 마진을 중심으로 하는 가치투자에 영향을 준 벤저민 그레이엄이고, 다른 한 명은 성장주의 아버지라 불리는 필립 피셔입니다. 그가 1958년에 발간한 《위대한 기업에 투자하라》는 지금까지도 많은 투자자들이 읽는 투자의 명저입니다. 필립 피셔의 투자 중에서 가장 유명한 일화가 바로 모토로라입니다. 그는 모토로라의 성장성을 보고 1956년 주당 42달러에 주식을 사들여 44년이 흐른 2000년에 주식을 팔아 240배의 수익을 거뒀습니다. 위대한 기업을 발굴해서 그 기업의 성장이 한계에 다다를 때까지 계속 보유하는 필립 피셔의 투자 스타일을 엿볼 수 있습니다.

위대한 기업을 찾기 위해 꼭 물어보는 15가지 질문

필립 피셔는 위대한 기업을 찾기 위해 15가지 질문을 했습니다.

1. 적어도 향후 몇 년간 매출액이 상당히 늘어날 수 있는 충분한 시장 잠재력을 가진 제품이나 서비스를 갖고 있는가?

2. 최고 경영진은 현재의 매력적인 성장 잠재력을 가진 제품 생산 라인이 더 이상 확대되기 어려울 때도 회사의 전체 매출액을 추가로 늘릴 수 있는 신제품이나 신기술을 개발하고자 하는 결의를 갖고 있는가?

3. 기업의 연구 개발 노력은 회사 규모를 감안할 때 얼마나 생산적인가?

    → 단기적인 이익보다는 장기적으로 이익이 늘어날 수 있는지를 중요하게 생각했습니다. 지금의 이익이 아무리 높더라도 그 이익이 앞으로 지속될 수 있는지를 확인했습니다.

4. 평균 수준 이상의 영업조직을 가지고 있는가?

5. 영업이익률은 충분히 올리고 있는가?

6. 영업이익률 개선을 위해 무엇을 하고 있는가?

    → 기업이 영업이익을 높이는 여러 가지 방법이 있습니다. 단순히 물건을 싸게 팔아 매출액은 높지만 이익률은 높지 않은 기업은 좋게 평가하지 않았습니다. 원가 절감, 마케팅, 기술 혁신 등 경쟁 기업에 비해 높은 경쟁력으로 영업이익률이 높은 기업을 선호했습니다.

7. 돋보이는 노사 관계를 갖고 있는가?

8. 임원들 간에 좋은 관계가 유지되고 있는가?

9. 두터운 경영진을 갖추고 있는가?

10. 원가 분석과 회계 관리 능력은 얼마나 우수한가?

   → 훌륭한 인재가 많아야 위대한 기업이 될 수 있습니다. 한 사람의 능력으로 기업의 성과가 좌지우지된다든가, 노사 관계가 좋지 않은 기업에는 투자하지 않았습니다.

11. 해당 업종에서 아주 특별한 의미를 지니는 별도의 사업 부문을 갖고 있으며, 이는 경쟁업체에 비해 얼마나 뛰어난 기업인가를 알려주는 중요한 단서를 제공하는가?

   → 예를 들어 제약업의 경우 해당 약품에 대한 특허권이 있는가 하는 것입니다. 특허권이 있으면 경쟁업체들이 같은 제품을 생산할 수 없으며, 생산하기 위해서는 로열티를 지급해야 합니다.

12. 이익을 바라보는 시각이 단기적인가, 아니면 장기적인가?

13. 성장에 필요한 자금 조달을 위해 가까운 장래에 증자를 할 계획이 있으며, 이로 인해 현재의 주주가 누리는 이익이 상당 부분 희석될 가능성은 없는가?

14. 경영진은 모든 것이 순조로울 때는 투자자들과 자유롭게 대화하지만 문제가 발생하거나 실망스러운 일이 벌어졌을 때는 입을 꾹 다물어버리지 않는가?

15. 의문의 여지가 없을 정도로 진실한 최고의 경영진을 갖고 있는가?

   → 주식투자를 하는 투자자에게 매우 중요한 사항입니다. 주주들을 무시하

는 경영진들이 있을 경우 기업의 주인인 주주의 이익에 반하는 결정을 내리기도 합니다.

필립 피셔의 15가지 질문을 크게 구분해보면, 회사가 성장할 수 있는지(1, 2, 3, 4, 5, 6, 11), 기업의 경영진들은 뛰어난지(7, 8, 9, 10, 12), 투자자들에게 신뢰를 주는지(13, 14, 15)를 중요하게 생각했음을 알 수 있습니다. 특히 주목할 만한 것은 다른 모든 조건을 충족하더라도 최고 경영진이 진실하지 않을 경우(15) 투자를 하지 않았다는 것입니다. 최고 경영진이 진실하지 않을 경우 1부터 14까지를 신뢰할 수 없기 때문입니다.

반드시 하지 말아야 할 10가지 행동

필립 피셔는 반드시 해야 할 15가지 질문과 함께 반드시 하지 말아야 할 10가지 행동을 조언했습니다.

1. 유행하는 기업에 투자하지 마라.
2. 좋은 주식이 장외시장에서 거래된다는 이유만으로 무시하지 마라.
3. 사업보고서의 긍정적인 문장들에 현혹되지 마라.
4. 현재 거래되는 높은 주식 가격이 미래 성장으로 벌어들일 이익의 현재 가치의 지표라고 함부로 예측하지 마라.

5. 중요하지 않은 사소한 차이에 너무 신경 쓰지 마라.

6. 자산을 분산하는 데 과도하게 열중하지 마라.

7. 주식시장이 패닉일 때 매수 버튼을 누르는 것을 두려워하
   지 마라.

8. 당신이 중요하다고 생각하는 가치를 잊지 마라.

9. 훌륭한 성장주를 매수했다면 가격뿐만 아니라 투자 기간을
   고려하는 것도 잊지 마라.

10. 대중을 따라가지 마라.

앞서 이야기한 15가지 기준에 부합되는 기업을 찾았다면 시
장의 분위기나 대중의 선동에 휘둘리지 말고 자신의 판단을 믿
고 투자하라는 이야기입니다.

오늘의 주식 공부 SUMMARY
필립 피셔가 투자 시 중요하게 생각했던 3가지

1. 회사가 성장할 수 있는가?
2. 경영진들은 뛰어난가?
3. 투자자들이 신뢰할 수 있는 기업인가?

켈리 라이트의 투자법
배당은 거짓말을 하지 않는다

오늘의 주식 공부 POINT
- 배당을 많이 주는 기업에 투자하는 이유에 대해 생각해보자.
- 배당을 많이 주는 좋은 기업을 어떻게 찾아야 할까?

켈리 라이트는 배당주 투자를 집대성한 투자가로 알려져 있습니다. 그는 어떤 투자 방법보다 배당주 투자가 가장 좋다고 하는데, 그 이유는 다음과 같습니다.

> 자본차익 + 배당수익 = 총수익

우리가 주식투자를 하는 이유는 수익을 얻기 위해서입니다. 이 수익이라는 것은 자본차익과 배당수익의 합으로 나오는데 많은 사람들이 배당수익은 보지 않고 자본차익으로 총수익을 얻으려다 보니 투자가 어려워진다는 것입니다. 자본차익보다 배당수익에 초점을 맞춰 주식투자를 하면 투자가 훨씬 쉬워지고 수익률도 높다는 것입니다.

주식투자가 최고의 투자 수단이 되는 투자자 유형

켈리 라이트는 자신의 책《절대로! 배당은 거짓말하지 않는다》에서 다음의 사람들에게 주식투자는 최고의 투자처가 될 수 있다고 이야기합니다.

- 자산과 소득의 증대를 원하는 투자자
- 시장의 '잡음'을 무시하는 투자자
- 좋은 가치가 무엇인지 인식하고 이해하는 투자자
- 저평가되었을 때 살 수 있는 용기를 가진 투자자
- 저평가된 기업가치나 내재가치에 도달할 때까지 계속 보유할 수 있는 인내심을 가진 투자자
- 고평가되었을 때 매도를 실행할 수 있는 현명한 투자자

이런 투자자들은 주식시장에서 수익을 내는 데 성공할 것입니다. 하지만 현실적으로 많은 투자자들이 주식시장에서 수익을 내기는커녕 손실을 보기 일쑤입니다. 왜 그럴까요? 자본차익만을 바라보다 변동성을 이겨내지 못하는 것입니다. 하지만 주식투자로 인한 수익의 초점을 배당수익으로 돌리면 이런 변동성을 이겨내는 데 큰 도움이 됩니다.

일반투자자들의 입장에서 위험하다는 것은 손실을 보는 것입니다. 자본차익을 추구하는 투자자들은 주가의 움직임에 온 신경을 곤두세우기 때문에 하루하루 위험한 날들을 보냅니다. 주

가는 하루에도 수도 없이 움직이기 때문입니다. 하지만 배당수익을 추구하는 투자자들은 상대적으로 이런 위험을 덜 느낍니다. 왜냐하면 애초에 배당을 받는 것이 목적이기 때문에 하루하루 주가의 움직임에 일희일비하지 않는 것이죠. 그래서 시장의 잡음을 무시할 수 있고, 결국 자산과 소득을 모두 얻을 수 있습니다.

이뿐만이 아닙니다. 배당을 보고 투자하면 주가의 흐름과 반대로 투자할 수 있습니다. 일반적으로 자본차익을 보고 투자하는 투자자들은 올라갈 것처럼 보이거나 오르고 있는 종목에 투자합니다. 흐름이 중요하기 때문입니다. 하지만 이런 투자를 할수록 주식을 더 비싸게 살 수밖에 없기 때문에 위험은 점점 커지게 됩니다. 반면 주가가 올라갈수록 배당수익률이 낮아지고 주가가 내려가면 배당수익률은 높아집니다. 따라서 주식시장에서 투매가 일어나거나 소외되는 주식을 사고, 인기가 많고 주가가 높은 주식을 파는 투자를 할 수 있습니다. 배당수익률을 보면 저평가되었을 때 용기를 낼 수 있고, 고평가되었을 때 매도하는 현명함을 가질 수 있습니다. 켈리 라이트 역시 이 부분을 정확하게 이야기하고 있습니다.

일반적으로 주식은 역사적인 수준에 비해 낮은 배당수익률을 기록할 때 고평가되었다고 볼 수 있다. 반대로 역사적으로 높은 배당수익률일 때 저평가된 것으로 볼 수 있다.

배당을 많이 하는 기업 VS 배당을 할 수 없는 기업

어떤 기업이 배당을 많이 하는지를 생각해보면, 배당주 투자를 해야 하는 분명한 이유가 보입니다. 우리는 기업의 재무제표를 보고 그 기업이 얼마나 안전한지, 빚은 얼마나 있는지, 돈은 잘 버는지 등을 살펴봅니다. 아무리 열심히 살펴본다 한들 그 기업의 정확한 상황을 상상하기란 어려운 일이지만 그래도 최선을 다해서 살펴봅니다. 물론 이 과정은 중요합니다. 하지만 이 과정을 꼭 거쳐야만 좋은 기업을 찾을 수 있을까요?

사실 옹달샘의 물을 마셔도 되는지 알기 위해서 꼭 연구소에 성분 분석을 해야만 하는 것은 아닙니다. 옹달샘에 물고기가 살고 있는지만 살펴보아도 마실 수 있는 물인지 알 수 있습니다. 마찬가지로 기업의 재무제표를 하나하나 뜯어보고 분석해야 좋은 기업인지 알 수 있는 것은 아닙니다. 기업이 주주에게 배당을 얼마나 주는지를 살펴보면 좋은 기업인지 아닌지 판단할 수 있습니다.

켈리 라이트는 기업을 판단할 때 배당이 중요한 이유 3가지를 이야기합니다.

1. 배당은 이익의 결과다.
2. 배당의 증가는 향후 기업의 이익이 계속 증가할 것이라고 예언하는 역할을 한다.
3. 배당수익률의 역사적인 수준을 관찰하면 주가가 저평가되

었는지, 고평가되었는지를 판단할 수 있다.

배당수익률은 단순하고 명쾌합니다. 결국 돈을 많이 버는 기업은 주주들에게 더 많은 배당을 할 것이고, 돈을 벌지 못하는 기업은 배당을 하지 못할 것입니다. 그렇기에 트렌드나 유행에 휩쓸려 투자할 일도 없습니다. 특정 업종에 투자자들이 몰리는 경우를 보면 해당 업종에 대한 장밋빛 전망이라든가 해당 기업에 대한 낙관 등에 휩쓸려 부화뇌동을 하는 경우가 많습니다. 하지만 배당수익률은 오로지 과거의 배당수익률과 비교해보면 됩니다. 주관이 들어설 여지가 없습니다.

켈리 라이트가 제시하는 배당투자 법칙

매력적인 배당주에 투자하기 위해 켈리 라이트는 4가지 투자법칙을 제시했습니다.

법칙 1. 기업의 배당수익률이 역사적인 수준보다 높아 주가의 하락세가 반전될 것이라는 기대감을 높이는 주식이어야 한다.

법칙 2. 주가수익비율이 역사적으로 낮은 수준에 있고 다우지수의 주가수익비율을 하회하는 주식이어야 한다. 이 법칙의 유일한 예외는 시장 평균보다 빠른 속도로 지속적인 이익 개선을 기록한 성장주들이다. 따라서 이러한 성장주들은 시장이나 업종

평균에 비해 높은 주가수익비율을 부여받을 수 있다.

법칙 3. 현재 자산 대비 부채의 비율이 50% 이하인 주식이어야 한다.

법칙 4. 주가순자산비율이 3배를 넘지 않는 주식이어야 한다. 장부 가치에 가까울수록 더 좋다.

급격한 성장을 보이는 기업들은 이 법칙이 모두 적용되지 않을 수 있지만 대체로 이 법칙에 부합하는 배당주에 투자하는 것이 좋습니다. 배당수익률이라는 하나의 기준으로 매매 타이밍을 판단하고, 지속적으로 보유하면서 높은 배당수익을 얻는다면 주식투자를 통해 좋은 성과를 얻을 수 있을 것입니다.

오늘의 주식 공부 SUMMARY
켈리 라이트가 말하는 배당주에 투자해야 하는 이유

1. 배당은 이익의 결과다.
2. 배당의 증가는 향후 기업의 이익이 계속 증가할 것이라고 예언하는 역할을 한다.
3. 배당수익률의 역사적인 수준을 관찰하면 주가가 저평가되었는지 고평가되었는지를 판단할 수 있다.

변해가는 시대에 맞춘 신개념 독서법

넥스트 리딩

이권복 지음 | 14,000원

제대로 읽는 자가 살아남는 세상이다
나만의 생산수단을 만들어 삶을 바꾸는 22가지 방법

《넥스트 리딩》은 읽고 끝나는 독서가 아닌 책 속의 내용을 현실에 반영하고 온전히 나만의 것으로 만드는 독서법을 담고 있다. 세상은 더 이상 우리에게 직업을 묻지 않는다. 무엇을 할 수 있는지, 어떤 메시지를 갖고 있는지 등 콘텐츠에 대해 묻기 시작했다. 결국 차별화된 콘텐츠를 만들어야 살아남는 세상이 됐다. 지금까지와는 다른 현실적인 신개념 독서법 '넥스트 리딩'은 내가 읽은 모든 것들을 나만의 콘텐츠로 만드는 방법을 제시해 내 삶에 직접적인 변화를 가져다줄 것이다. 이제는 소비만 하는 독서가 아닌 생산하는 독서를 하라!

대학교 2학년 월 천만 원 순수익 노하우

ZZIN 디지털 노마드 창업

류희은 지음 | 14,500원

사무실로 출근하지 않아도
근로소득 만드는 디지털 노마드 창업!

이 책은 현시대에 가장 알맞으면서도 즐겁게, 어렵지 않게 시도할 수 있는 '디지털 노마드 창업'에 대해 소개한다. 대학교 2학년에 월 1,000만 원을 벌기 시작하면서 20대에 벌써 미니 은퇴를 선포한 저자는 스타트업, 프리랜서, 1인 기업까지 다양한 경험을 해왔다. 이를 바탕으로 스타트업, 프리랜서, 1인 기업의 차이점을 설명하며 왜 디지털 노마드 창업이 좋은지, 디지털 노마드 창업을 위해 꼭 필요한 것, 디지털 노마드 회사 운영기, 꾸준히 디지털 노마드 라이프를 즐기는 방법 등을 알려준다.

난생처음 주식투자

이재응 지음 | 18,000원

'판단력'만 있으면 주식 투자 절대 실패하지 않는다!
차트보다 정확한 기업 분석으로 적금처럼 쌓이는 주식 투자법!

쪽박에 쪽박을 거듭하던 저자가 전문 주식 투자자가 되기까지! 저자가 터득한 가장 효과적인 공부법과 이를 바탕으로 실전에서 활용할 수 있는 효과적인 투자 노하우를 담은 책이다. 저자의 생생한 투자 실패담과 많은 주식 투자자들이 실패하는 이유와 주식 투자에 밑바탕이 되는 기본지식 공부법과 습관에 대해 설명한다. 그리고 주식 투자에 필요한 용어 설명, 공시 보는 법, 손익계산서 계산법, 재무제표 분석법, 사업계획서 읽는 법, 기업의 적정 주가 구하는 법 등 투자에 필요한 실질적인 노하우를 소개한다.

집은 넘쳐나는데 내 집은 어디 있나요?

부동탁 지음 | 16,000원

부알못 탈출부터 내 집 마련, 부동산투자까지
빠르면 빠를수록 좋은 부동산 노하우

많은 사람들이 경제 위기 때는 투자를 망설인다. 그러나 부자들은 남들이 주저할 때 과감히 부동산에 투자한다. 집값은 반드시 오른다는 믿음이 있기 때문이다. 이 책은 부동산투자를 시작하고 싶어도 잘 모르는 '부알못'들에게 부동산에 대한 기초 지식을 전달하면서 '할 수 있다'는 부자 마인드와 구체적인 방법을 제공한다. 또한 종잣돈 3천만 원으로 직장인, 신혼부부, 사회 초년생들이 내 집 마련을 할 수 있는 방법을 알려준다. 집 없는 욜로, 집 없는 워라밸은 없다. 지금 바로 두려움을 뛰어넘어 내 집 마련의 길로 들어서라!